你敢“裸体”上班吗

王云 著/绘图

重庆出版集团 重庆出版社

图书在版编目（CIP）数据

你敢“裸体”上班吗 / 王云著、绘. -- 重庆：重庆出版社, 2010.10

ISBN 978-7-229-03063-6

Ⅰ.①你… Ⅱ.①王… Ⅲ.①社会生活－通俗读物 Ⅳ.①C913-49

中国版本图书馆CIP数据核字（2010）第191577号

你敢“裸体”上班吗

NI GAN LUO TI SHANG BAN MA

王云　著/绘

出 版 人：罗小卫

策　　划：华章同人

特约策划：杨水秀

责任编辑：王　水

特约编辑：董淑娟　王　瑜

封面设计：坤艺园

重庆出版集团
重庆出版社 出版

（重庆长江二路205号）

北京联兴盛业印刷股份有限公司　印刷

重庆出版集团图书发行公司　发行

邮购电话：010-85869375/76/77转810

E-MAIL：tougao@alpha-books.com

全国新华书店经销

开本：787mm×1092mm　1/16　印张：13.5　字数：143千字

2010年11月第1版　2010年11月第1次印刷

定价：25.00元

如有印装质量问题，请致电023-68706683

自序

上班男女，酸甜苦辣，

裸体上班，显然荒唐，

裸心职场，谁能做到？

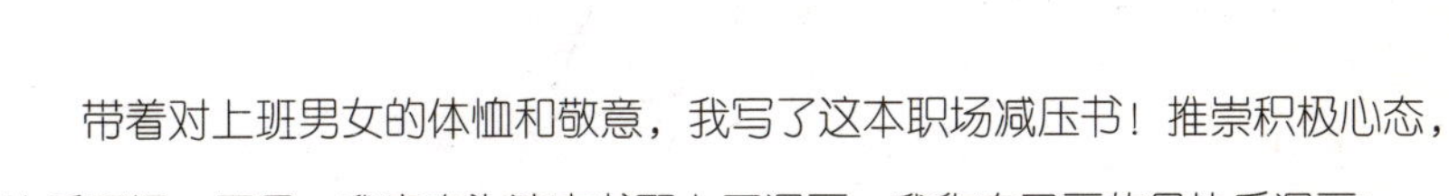

带着对上班男女的体恤和敬意，我写了这本职场减压书！推崇积极心态，快乐职场！于是，我亲自为这本书配上了漫画，我称自己画的是快乐漫画！

大凡上班男女，每个人的职场生涯长短是不同的。倘若以一个人职场生涯的常规平均时间计算，假设你20岁进入职场，55岁停止工作，你的职场生涯是35年，以平均每年工作240天，平均每天工作所花的路程及在岗时间按10个小时计算，那么你的职场生涯时间大约是8400个工作日，相当于84000多个小时。有很多职场强人甚至会工作到六七十岁仍然乐此不疲，他们把自己的职业当做毕生的事业，那么他们的职场生涯将会超过120000个小时。

每个人的职场轨迹虽不尽相同，但我们大多数人的青壮年和中年时期都是在职场度过的，几乎一生中最美好的时光都奉献给了职场，我深知，大凡上班男女，都渴望让自己的职场生涯成功，让人生在上班的长征中精彩、有价值！

正所谓：

上班男女身在职场，
没有规矩不成方圆！
上班男女挑战职场，
没有历练怎显神威！
上班男女玩转职场，
没有快乐怎能减压？
上班男女超越职场，
阳光心态赢在未来！

《你敢“裸体”上班吗》是一本让上班男女内外兼修的快乐减压书。我以职场小故事搭配支招点评的形式，让大家轻松快乐地产生共鸣，获得启迪！

我的英文名字叫Sunny，我衷心希望你的职场旅程也是Sunny的！

快乐职场一点通，献给所有上班男女！

你的朋友：

2010年8月

目录

Contents

PART 1 上班男女都是同事

PART 2 行行都有难念的经

PART 3 压力是你的好朋友

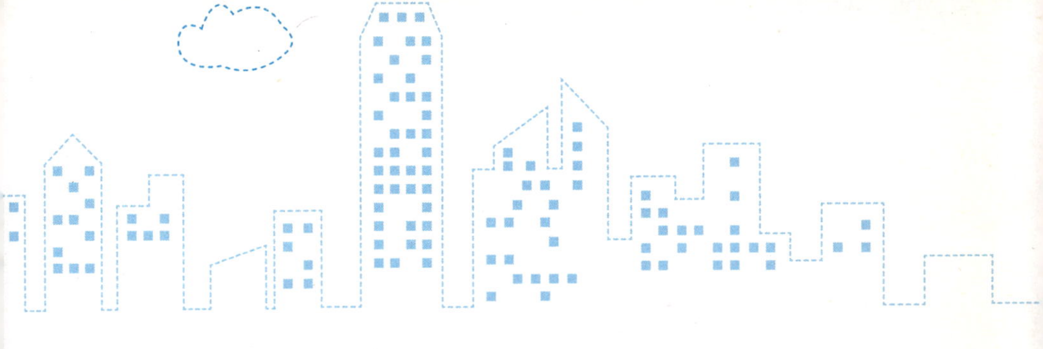

PART 4 看你职场七十二变

PART 5 职场形象的潜规则

PART 6 玩转风格你就精彩

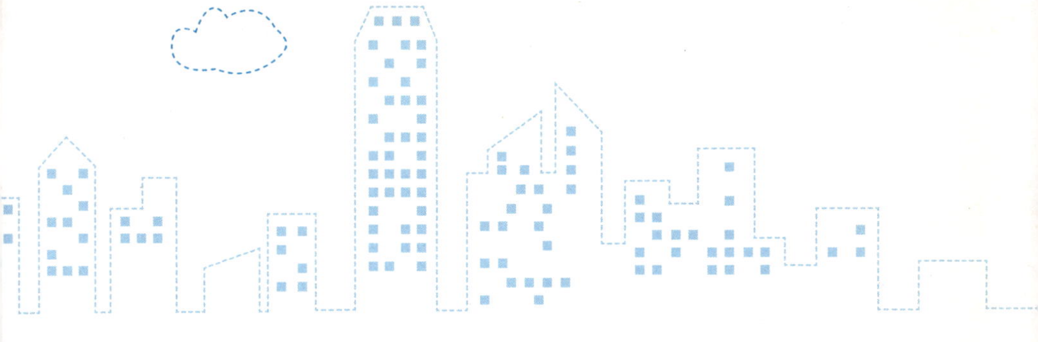

PART 7 玩转礼仪你就灿烂

PART 8 你的前途由你做主

PART 1 上班男女都是同事

你敢“裸体”上班吗?

“哇噻！我不是在做梦吧？这难道是他？”

晚上8点，雪莉回办公室取落下的文件，一进办公室，却发现汪主管只穿一条内裤，几乎全裸地坐在电脑旁……

此时，汪主管也看到了雪莉，一脸的尴尬。

雪莉说：“头儿，想秀您的三头肌也别在这种地方呀？”

汪主管脸色通红，说：“哎！雪莉，其实……我……跟你实话实说吧！”

他递给雪莉一张报纸，上面报道欧洲一家公司为了抵御金融风暴，出台了一项雷人新规——员工每周五必须全裸上班！想借此让公司走出困境。结果，员工惊讶地发现，自从裸体上班后，对工作充满了新鲜感，工作效率因此提高，业绩也大幅提升……

“头儿，原来您是在上演模仿秀啊！”

"哎，雪莉，我也不怕在你面前丢丑，我之所以裸体加班，就是想主动减压，体验一把特殊感觉！"

"啊？头儿，也难为您了！不过，裸体上班只是个特例。您严谨了半辈子，突然这么雷人，我还真有点不适应！"

雪莉最后调侃地说："今儿就当我什么都没看见啊！不过，请多关照俺的工作啊，毕竟您有小把柄落入我手里啊！"

汪主管露出尴尬的苦笑。

支招1

汪主管意识到了职场压力，于是"裸体上班"，打破惯性去体验一种迥异雷人的办公状态，让自己在"不设防"的状态下，重新建立对工作的新鲜感，借此强化工作的动力和张力。

正所谓：办公室铁汉秀裸体，屏幕前美女跌眼镜。

支招2

汪主管想以特立独行的方式尝试减压，但又怕干扰大家正常上班，于是选择同事下班后再"裸体加班"，说明他很清楚这种减压方式是荒唐的不符合职场常规的举动。

正所谓：荒唐裸加怕人笑，人去楼空才敢脱。

支招3

汪主管的行为被同事发现后，对他的形象有所影响，这提醒他需要选择切实可行的减压方式。对职场上的人来说，兴趣是减压的一剂灵丹妙药。回归自我，重拾曾经的兴趣，或者寻找一些新的爱好，可以从容减压。比如：读一些有助于提升业绩的锦囊妙计，有助于启迪精神的好书，或者通过体育运动来减压，抑或选择户外活动、摄影等接近大自然的方式来调剂身心，等等。

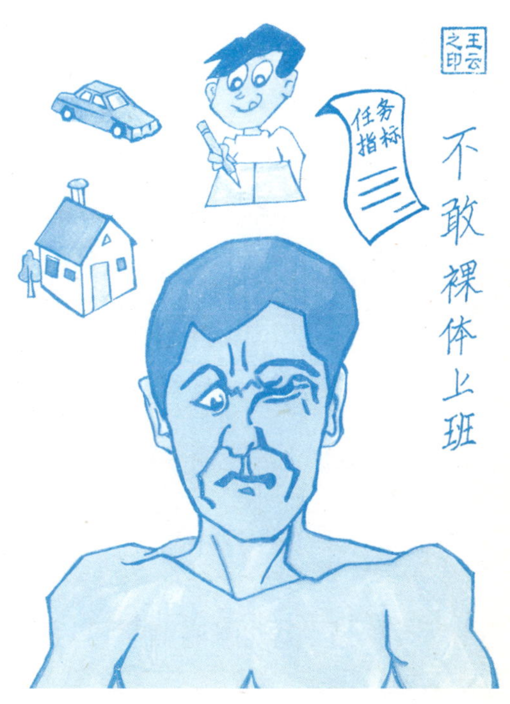

正所谓：一丝不挂绝不可取，读书锻炼足以减压。

你的柔情我不必懂

佳悦工作效率高，人缘好，人事部的邹处长向她透露，她很快就能晋升科长，并以指点工作为由，邀请她共进晚餐。

晚餐后，邹处长在他的车上，突然说他妻子长期在外出差，两人聚少离多，就问佳悦，可不可以抱她？还要强吻她。

佳悦立刻推开车门，跑了出去。

事后，邹处长故意冷落佳悦，还任命一个能力和表现都不如她的同事为科长。因为拒绝“潜规则”，佳悦只好辞职。

她在和闺密小宁聊天时说出了自己的这段遭遇。

小宁却说：“佳悦，你怎么不知变通，在晋升的节骨眼上，哪怕是逢场作戏，也不能得罪顶头上司呀！”

佳悦摇了摇头：“小宁，这种‘潜规则’让我反感，他是有妇之夫，我宁愿不晋升也不能跟这样的上司有暧昧关系！”

小宁不以为然：“可是，你清高，你正直，结果又能怎样呢？还不是自己吃亏？”

后来，佳悦没再去找工作，而是贷款成立了自己的文化公司，两年后，公司业务日益红火。当有人问起她的创业动机时，佳悦感慨万分，如果没有职场上不公平的遭遇，自己或许根本就不会创业。

支招1

职场“潜规则”，难免会给上班族带来困扰。通常，接受“潜规则”的人可能短时期内获得了实惠，但很难获得内心的坦荡与平静。像佳悦这类敢于叫板“潜规则”的人，虽然遭遇到短暂的职场挫折，却守住了底线和人格尊严，一旦

拨开迷雾，重整旗鼓，必能在职场中闯出一片天地来。

正所谓：职场“潜规则”处处伏惊雷，美女大叫板愤愤转商海。

支招2

佳悦的经历对遭遇挫折的上班族来说是一个很好的信息。塞翁失马，焉知非福？得意不一定是职场的动力，失意也不一定是职场的羁绊。当陷于职场困境时，一定不能从此消沉，一蹶不振，或许此刻正是化腐朽为神奇的转折点。

正所谓：塞翁失马不必哭，熬过逆境变坦途。

男上司搭配女下属

巧倩是大学里的校花，生性比较懒散。她在一家广告公司做市场助理，男上司Peter认为她很适合市场公关工作，对她非常赏识。巧倩感觉独具优势，只要和男上司搞好关系，工作上就好过关了，以后晋升主管也容易。于是，巧倩平时得过且过，总把心思花在接近Peter上。除了经常和Peter说悄悄话外，还不时撒撒娇，下班后刻意密切接触，让其他同事感到她和男上司的关系有点暧昧。

年初，部门有一个晋升主管的机会，果然Peter当众宣布巧倩获得了晋升，这让几个相貌平平却努力工作的女同事心里非常不满，纷纷找Peter说理，闹得Peter焦头烂额。他也意识到这么做不公平，不能服众，势必会影响今后的工作。经过反省，Peter改变了对巧倩的态度。在巧倩当上主管后对她严格要求，用可量化的业绩指标来制约她。巧倩很郁闷，不明白自己跟Peter的关系这么铁，怎么现在撒娇、扮靓都不管用了呢？

一个月之后，巧倩由于工作疏忽，责任心差，被Peter免去主管的职务，改由一位稳重端庄、业绩突出的女同事代替她。巧倩异常失落，只好辞职。

支招1

人在职场混，容貌不可恃。妄想通过取悦男上司获得优势，不依靠能力和实干赢得同事的尊重，对于一个职场女性来说，是行不通的。要知道，真正成功的男上司不会因为你的美貌和谄媚，而影响自己在工作中的信誉和形象。

正所谓：脸蛋可人毕竟短暂，真才实学才能长久。

支招2

有不少上班族信奉：Work hard不如Work smart，但在现实职场中，smart的精明技巧和性别优势不一定是万能的，不是每个男上司都喜欢能说会道、经常谄媚的女下属。在工作中，男上司与女下属通常是很好的互动组合。如果能在展

现自身职业素养的基础上，适度发挥性别优势解决问题，男上司和女下属精诚合作，相辅相成，配合默契，则可以更加高效地完成工作目标。

正所谓：女下属玩smart不一定好使，男上司拼image必须要和谐。

女上司搭配男下属

谢美欣29岁，在一家IT咨询公司做业务部经理，浑身上下透着自信与活力。可最近一段时间，却一脸惆怅。

她约了异性好友伟达一起喝咖啡。

“伟达，我原来那家公司新来了一个比我小7岁的男下属，想和我谈姐弟恋。为了摆脱这种情感纠葛，我只好辞职。”

“那你在新公司工作顺利吗？”

“还是做部门经理！除了一个女助理外，其他6个全是男下属。最近又遇到了麻烦！刚开始的时候，几个男下属还很照顾我。可月底总结会上，他们一反常态，当着总经理的面大说我的坏话。后来，我也忍不住发火，批评那个目无尊长的男下属工作状况不好，导致项目赔钱。可是，他还故意和我对着干。这不愁人吗？”

“美欣，男女的表达方式与思维方式不太一样，或许你需要调整和男下属的相处方式吧！”

“伟达，我以前做高管一直挺自信的，可自从上次遇上姐弟恋，这次又碰上了棘手的男下属，我现在愈发感觉自己在管理方面还很不成熟。”

伟达听后也是爱莫能助。

支招1

职场恋情应该具体问题具体分析，要么坦然面对，发展正当的私人恋情，要么挥剑斩情丝，迅速结束暧昧关系，以工作为重，更换自身的职场环境。鉴于美欣当时的状况，她选择后者是明智的。

正所谓：办公室恋爱，真叫人无奈！是断还是连，只在一念间。

支招2

作为女上司，日常交往中得到男下属的关心和帮助往往是一种男士对女士的礼让，不可一相情愿地认为他们很绅士。要知道，男同事的思维比较理性，在正式谈工作的时候，不会留任何情面。如果他们觉得你在业务和能力上有不足，不但对你嗤之以鼻，还会直言不讳地当面指出，因为他们不希望让一个能力低的女上司来领导他们，你需要做的只是独立自主，以自己的能力让他们信服。

正所谓：男是男，女是女，不可胡乱比；只有真本事，才能超越雄雌！

支招3

在女上司与男下属的相处中，女上司要避免伤害男同事的自尊心，批评男同事要有分寸，以免男同事会产生抵触心理。另外，作为男下属，在发现女上司的工作弱点时，也要用恰当的方式提出。女上司既是女人，又是领导，在工作中，男同事应该适当地表示尊重和爱护，从而使工作更加顺利。

正所谓：男女搭配，干活不累；要想和谐，精诚以对！

同男同女，欢喜冤家

Bob接到女朋友Kathy 的辞职短信后有些担心，打电话询问。

“亲爱的，你在这个公司还不到半年，为什么要辞职呢？”

“Bob， 你不了解，我也是忍无可忍。”

“Why？”Bob诧异地问道。

“我刚到公司，就有同事和客户夸我漂亮，我的女上司听了总是不高兴，老跟我比美较劲呢。”

“Kathy，不会是你自己多心吧？你们女人就是容易计较，瞧我们男的就简单多了，我跟我的男下属就相处得很轻松嘛，我们平时下班还经常在一起打球呢。那不会是你的女上司很丑吧？呵呵！”

“其实她也挺有风韵的。可不是我多心，自从我到这家公司后，总受她的排斥和嫉妒，工作上怎么努力都得不到她的肯定， 尤其是在商务场合，当我因为穿着得体受到同事和客户的赞美时，她必定说出另一种否定的意见。 搞得我对

工作失去了信心，只好辞职。”

“Kathy，别灰心呀，不是所有女上司都像你遇到的那样。你要相信人和人是不一样的！”

Kathy无奈地叹了口气……

支招1

同性团队，容易产生共鸣，也容易发生嫉妒。职场上需要一种好心态。

如果你不幸遇到一个像Kathy女上司那样的人，首先要调整自己的心态，从改变自己做起——从形象上调整自己，让自己专业而内敛。在职业场合，不要以靓丽的外表作为资本和优势，应该多在工作经验上虚心向上司请教和学习，发挥优点和特长，在上司心中留下踏实敬业的好印象，自然会把女上司的嫉妒程度降到最低。

正所谓：千防万防嫉妒难防，调整心态乃疗妒汤。

支招2

作为女下属，Kathy可以通过跟女上司开诚布公地沟通，诚恳地听取上司对她的意见和忠告来让她们的关系和谐。如果实在不想再忍耐这个女上司，则可以选择调换部门或者另谋高就，把这个经历当做一个值得借鉴的经验加以吸取。

正所谓：此地不养你，自有养你处！经验加教训，乃是常青树！

支招3

作为女上司，一定要调整自己的心态，不要和年轻女下属比美，要知道，无论是年轻的风采，还是中年的成熟，都是人生必经的自然阶段。作为中年女上司应该突出自己在工作能力、经验上的优势，在形象上强调气质和个性之美，焕发精神，在工作中流露品位、释放自信、引导团队，为年轻的职业OL树立榜样。

正所谓：美与年龄无关，心态好才能无往不胜。

男女搭配，干活也累

陈升工作的环境，男多女少。最近听说好朋友程颢就职的公司美女很多，不禁羡慕不已。

“程颢，听说你的下属全是美眉呀？怎么摊上这样的美差？”

“陈兄，我正为这事郁闷呢，我有7个女下属，就像被七仙女包围着，一开始我也挺自鸣得意的，现在才知道，一个男人天天在女人堆里工作，真是劳力又费神！俗话说，3个女人就一台戏，按照数学原理，她们可以任意排列组合成好多台戏呢！"

"有这么夸张吗？我还羡慕你天天飞在花丛中呢！"

"你哪里知道她们的厉害！我铁面无私吧，她们说我太冷；我侠骨柔肠吧，她们又说我太面；我低调寡言吧，她们说我太奸；我热情似火吧，她们又说我太浮，唉……"

"喔，看来女同事多了干活也累啊！"陈升说。

"可不是嘛，前几天我都去看中医了，人家中医大夫说我有点儿阴盛阳衰，需要调整心态，还得调理调理呢！"

"那你准备怎么调整呢？"

"我打算再招两名男同事，个别女同事可以调岗到别的部门，要是实在行不通，干脆我自己申请调到别的部门。"

支招1

俗话说：男女搭配，干活不累。在职场上的确有一定的科学依据。

人的左脑与右脑完全以不同的方式进行思考：左脑偏向语言、逻辑性的思考，被称为“知性脑”，男性比较善用左脑；右脑则偏向影像和心像的思考，被称为“艺术脑”，女性右脑一般比男性发达些。正因为男女有生理结构的不同优势，在职场中，男女同事共同完成任务时，往往能够优势互补，提升效率，取得事半功倍的效果。但是，如果在一个男女比例失调的环境中工作，则容易出现程颢这种男女搭配，干活也累的现象。

正所谓：男女搭配，干活也累；咋回事呢，比例不对。

支招2

程颢遇到了女性比例过多的工作环境，他又是上级，则更考验他作为一个男主管的综合协调能力，在这种情况下，男人要更加重视原则，对女同事不分美丑长幼，一视同仁，力求公正合理。此外还要有弹性，对女同事诸多不合理的行为表示宽容和谅解。

正所谓：阴沟里翻船，女儿国被扁，男人啊，多用一些心眼！

支招 3

对于程颢的情况，逃避不能解决问题，要想成功脱离窘境，还得调整和提高自身的管理协调能力。如果能在公司层面上调整男女比例，固然可嘉，如其不然，则要对自己下药——调整心态，提高组织能力。

正所谓：女人的事情办不好，问题出在男人自身。

女同事总比老婆靓

贾君最近比较烦，总是莫名其妙地跟老婆小敏拌嘴。他以前看小敏是情人眼里出西施，自从进了这家公关公司后，美云如云，女同事一个个靓丽多姿，让人遐想。贾君身处万花丛中，小敏自然入不了他眼了。

一次，贾君和女同事厉娜到广东出差，忙完一天工作，晚上一起消夜。

“厉娜，你今天好漂亮啊！”贾君有些飘飘然，目光游移在厉娜靓丽的脸上。

厉娜调皮地眨眨眼：“谢谢！我哪天不漂亮呀？”

“当然！你比我们家那位可有气质多了。我老婆怎么捯饬也不好看，以后得让她跟你好好学学！”

“贾君，你不会是七年之痒了吧？我可听你挑老婆毛病不是一次两次了。”

厉娜好奇地问。

“我结婚还没到七年呢，刚五年多，老实说，鲜花看多了，插在瓶子里的那朵就没意思了！”

厉娜扑哧一笑，又略显严肃地说：“贾君，我倒觉得你是在雾里看花。咱们公司的美女回家也是素面朝天，不如在公司光鲜了。你总是把装扮入时的公关美女跟自己的老婆比，是不是有点过分？”

“难道是我的错觉？”贾君想了想说。

“贾君，我老公就能接受我懒散的一面，我工作在外，总是一副修饰精致的样子，也很累，到家就回归自然，懒得打扮了。”

“厉娜，你说得有道理，我总嫌我老婆没你们靓！这大概是我的偏见！”

厉娜会心一笑。

支招1

女同事总比老婆靓，如同野花总比家花香一样，这是职场和生活中经常出现的错位现象。大多数职业女性在职场中的形象是经过精心修饰的，总会尽力展现自身最美的一面。而在生活中，老婆通常是素面朝天，如果总拿女同事靓丽的外表和老婆不加修饰的面容相比较，则容易对老婆有过于挑剔的评价。

正所谓：精装的靓丽，简装的自然——各有千秋。

支招2

职业女性通常把最精致的形象留给同事和客户，却把懒散的、丑的一面留给家人。人很难做到时刻光彩照人，但是，无论职业女性还是全职太太，都应适当提升居家和休闲的形象，让日常扮靓成为习惯，何时何地都能成为一道亮丽的风景线。

正所谓：扮靓不分南北西东，爱美无论早晚内外。

好男也会跟女斗

6年前，尹志强跟太太谢爽开了一家美容养生馆。可就在事业蒸蒸日上的时候，他们的婚姻却亮起了红灯。谢爽红杏出墙，向尹志强提出离婚。

最后他们协议离婚，尹志强把养生馆转让给了谢爽。

事后，尹志强把这件事告诉了发小梁军。

梁军打抱不平：“志强，这事谢爽出墙在先。好不容易打拼的事业，如今拱手让人，难道不可惜吗？”

“军子，我不跟她争！我打算重打鼓另开张！”

“这才是尹志强！”

“可是，朋友给我推荐了马路斜对过的场地，正在老店的对面，这不显着跟她较劲嘛？我坚持了这么久的‘好男不跟女斗’，难道临了还落一个不仁不义的恶名？”

“志强，开店选址不容易，离婚一事你已经够大度了，现在你要另起炉灶，商场上男女平等，你不必过于计较！”

梁军看尹志强仍犹豫不决，他灵机一动，想了一个最充分的理由：

“志强，一条街上如果只有一家养生馆恐怕难成气候，如果多几家，互相烘托，说不定还能变成美容养生一条街呢！”

“军子，你这话说得有道理！”

三个月后，尹志强果真在马路斜对面开起了他的美容养生馆。他跟谢爽两家养生馆既相互竞争又相互促进，生意还都不错！

支招1

“好男不跟女斗”通常彰显了男士在女性面前的大度与宽容。拥有这种观念的男士，一种是真的胸怀宽广，还有一种是大男子主义者，吹牛呢！

正所谓：好男不跟女斗，偏见还是宽厚，真假要看透！

支招2

在职场或商场上，男女平等。尤其在竞争日益激烈的今天，不分性别，都面临优胜劣汰的竞争，因此，只有拥有良好的心态，才能达到良性竞争和双赢结局。

正所谓：拼搏原不分男女，心态却需要端良。

不做职场电灯泡

美霞跟老公谢楠共创了一家小公司，谢楠是董事长，美霞是财务总监。

公司成立之初，美霞常在办公室与谢楠拌嘴、撒娇，那时员工不多，大家可以容忍。后来公司做大了，谢楠聘请了几个职业经理人来管理公司，可美霞仍然我行我素，当着职业经理人和其他员工的面争吵，甚至打情骂俏，令身为董事长的谢楠非常尴尬。

一次开会，几个职业经理人通过反复策划和讨论，决定启动一个效益可观的项目，谢楠也批准了，可美霞却坚决反对，对已经立项的开支，百般刁难，推三阻四，导致项目组不能如期完成任务，引起客户不满，合作半途而废。

项目负责人因美霞的任性和矫情，对公司彻底失去了信心，向谢楠提交了辞呈。之后，几位职业经理人也联名请辞，声称由于美霞在财务方面的故意拖延与刁难，让他们无法正常开展工作。

为了缓解冲突，留住人才，谢楠只好让美霞回家休假，暂不介入公司事务。

支招 1

“夫妻店”企业，夫妻如果配合得当，还是蛮有凝聚力的组合。但如果把家庭角色放到职场，矫情独断，不仅有损双方在员工心目中的职业形象，还会阻碍企业的发展，损害企业形象。

正所谓：夫妻创业不容易，家庭职场要分清。

支招 2

在职场上，男女搭配的工作组合，性别和关系的运用一定要有分寸。如果有

一方过度依赖关系优势，不按职场原则出牌，则很容易成为职场的电灯泡，被更职业化的员工视为扯后腿的人。若合理运用男女搭配，努力提升自身职业化的程度，就能创造骄人业绩。

正所谓：实力最重要，搭配要搭调，千万莫做职场电灯泡！

不做职场out man

Michael和Tracy分别是两家大公司的招聘经理，一次，他俩聊起了什么样的求职者会被淘汰。

Michael："前一段我要招一名普通文员，'大专'即可，可我却收到了18个硕士的简历，其中还有一个是学污水处理工程的硕士。第一反应我就觉得这些人'病急乱投医'，自然被我给Out啦！"

Tracy："我也有同感。去年我们公司招聘一名质检人员，记得有一份简历在工作和专业方面都轻描淡写，却用大量文字描述她多姿多彩的大学生活。我不得不对她说声抱歉，因为这些经历跟她应聘的质检这个职位无关，在这儿只能被Out！"

Michael："上次招聘要的是熟手。招聘一个市场主管，却收到机械工程师的求职简历。这么短的招聘周期，我们要招的是一上岗就马上能进入状态的人，所以他只能被Out！"

Tracy："还有那些以前做营销主管、品牌经理的人来应聘我们公司的行政助理岗位，我揣摩他们是冲着我们公司响亮的牌子来的。自然，我也会怀疑他们的诚意，所以我带着惋惜而又不客气的心情决定——Out！"

Tracy："我也遇到过一些很多方面都让我满意的应聘者，但他们太能干了，自我感觉过于良好，频频跳槽，三年跳七次，该不是能力或者个性有问题吧？最后只能Out！……"

支招1

职场应聘所面临的最大挑战，除了激烈的就业竞争之外，还在于应聘者能否读懂岗位招聘意图，简历能否做到扬长避短，有的放矢。

职场新人经常感到自己无从下手，甚至产生一种荆棘丛生的压迫感，因为从学校到职场，身份、角色、责任都发生了翻天覆地的变化，如不能尽快转型为职业人，就容易受挫被Out！

正所谓：学校职场两重天，成功转型第一关。

支招2

无论是应届毕业生还是勇闯职场的跳槽者，都应该制订切实可行的职业规划，重新审视和定位自身的发展方向。要知道，职场好比一所实践大学，绝大多数岗位都希望招聘到能迅速进入职业状态的员工，如果你的经历与岗位要求相去甚远，不要指望入职后企业会像老师那样循循善诱，慢慢培养你。工作不是上学，不要指望HR会给你一个与你的背景风马牛不相及的岗位去让你尝试，因此，投机应聘只会让你的职业生涯亮起红灯，自然容易被Out！

正所谓：招聘会上简历要有的放矢，办公室里专业应登堂入室。

要做职场in女郎

晓璐三年多没跟大学室友翁燕见面了。一次郊游，两个同窗终于有机会小聚。

晓璐觉得翁燕变化太大了，以前的邻家女孩变成现在的白领丽人。翁燕已是外企主管，而这几年晓璐却在职场到处碰壁。

翁燕："晓璐，你一点都没变，还像上学时那么柔弱。"

晓璐："翁燕，我正愁这个呢！我换了两次工作，第一份两个多月就落荒而逃。现在这份最初还可以，可一共事就不受尊重，我就是那种让人一看就想欺负的人！"

翁燕："晓璐，以我职场培训的经验看，你需要提升自信！"

晓璐："可是，我个子矮，有点儿驼背，肿眼泡……天生一副可怜兮兮的样子。做事心里没底气，经常受挫，让我变得更加不自信了。”

翁燕：“晓璐，其实你蛮随和的，就是容易给人懒散、没精神的印象。如果你自信一点，该严肃时严肃，该活泼时活泼，慢慢就会受重视了。”

晓璐：“还有，我不会在老板面前献殷勤讨巧。不像有的同事在老板面前勤快，老板不在时就懒散。我恰恰相反，有时老板来的时候我刚好手头什么也没做，但是我早上来得很早，上司还没有到办公室呢，我已经在默默整理打扫了，老板却看不到。有时上司分配工作任务，我总是面无表情，一副不胜任的样子！”

翁燕：“晓璐，这说明你人品不错，可领导们哪有时间去观察、了解你呢？所以，你也应该在领导面前适度表现一下积极进取的干劲嘛！”

晓璐：“你说得对！我必须正视现实，突破自己！”

支招1

两个大学同窗进入职场三年后，境遇迥然不同。翁燕很快成为职场骨干，而晓璐则不得要领，频繁受挫。这说明，每个走向社会的年轻人对职场的适应程度和自我提升的速度都是不同的。职场中人，很有必要在职业化的过程中主动参加一些提升职业素质的培训，或者向做得出色的朋友取经，这样才能内外兼修，全方位地找到自身的职场坐标。

正所谓：他山之石可以攻玉，强者真经果能度人。

支招2

像晓璐这类相貌平平又不太自信的女性，首当其冲的是要从心理上强化自己的职业意识，让自己保持阳光的心态和青春的活力。首先可以尝试改变自身形象，比如，走路要抬头挺胸，背部要保持挺直，注意办公室里的站姿和坐姿；如果你从来不化妆，应该学会画淡妆，用眼影和黑色的睫毛膏让暗淡的眼睛明亮起来；可以尝试用隐形眼镜取代厚厚的镜片；如果你平时总是穿暗色的衣服，现在则可根据自身特点，调整着装风格，尝试些亮丽服装，把自己往成熟的白领丽人方向打扮；准备几款高跟鞋和质地好的皮包，在你的工作形象中增加一些知性元素，这些都有助于加快你的职业化进程，让你在职场中获得重视和提升。

正所谓：人靠衣服马靠鞍，职场得意形象先。

支招3

要做职场In女郎，无论面对什么样的任务，都应抱着“我能”的精神，勇于尝试，迎接挑战，即便自己真的能力有限，也不要畏首畏尾，处处退缩。

每个人的闪光点是不同的。别人有的，自己未必有；自己有的，别人也未必有。想从弱者变成强者，持续的努力和不断的学习是不变的铁律。工作并非都尽如人意，如果因此失去自信，则很难适应现今这个竞争激烈的时代。

正所谓：强大信心是必要的，努力学习是必需的！

PART 2
行行都有难念的经

会计人员也疯狂

一次商务聚会，静雯正在聊天，突然有人拍了拍她的胳膊。静雯一看，是个文质彬彬的中年女士。

那位女士笑着说："静雯，还记得我吗？前年你到我们公司财务部应聘，是我面试的你！我是于主任，你现在还跳舞吗？"

静雯迟疑了片刻说："哦，原来是您，幸会！当时贵公司没录用我。"

随后二人交换了名片，于主任认真看了看静雯的名片说：

"你很出色啊，不到两年就当上了财务主管？真是人不可貌相呀！"

静雯有点诧异。

"静雯，你知道当时为什么没有录用你吗？"

于主任停顿片刻接着说："你的简历上写着拉丁舞比赛二等奖，又说平时喜欢蹦迪、跳街舞，我们怕你太浮躁，不适宜财会工作。"

"原来是这样啊！可是，我现在工作的这家公司，气氛很活跃，大家都很年轻，同事还称赞我是个新潮会计呢！您瞧，现在我还成了公司财务部的骨干呢！"

静雯又补充说："我认为，平时做会计已经够严谨了，业余时间跳舞正好调剂一下。工作时我能静下来，业余时间我载歌载舞，活泼好动，这不正好是一种平衡嘛！"

于主任听了也连连点头，说："嗯，现在我能理解你了，这对我以后的人力资源工作也是一个启发。"

支招1

传统的会计人员在职场上掌管着机构的财务要害，通常需要给人一种保守稳重、踏实严谨的印象，往往一个看上去比较年长、形象比较古板的财会人员更容易受人信任。而静雯的故事，展示了新一代职场会计人员的心理诉求和职业风采。

正所谓：优秀传统不可抛，新新时代勇弄潮。

支招2

值得注意的是，基于财会人员的岗位特性，如果你是一个既工作认真又多才多艺的会计，那么在求职时，最好多强调自己在专业素质和工作态度方面的优势，这样可以减少面试官对才艺方面的疑惑和争议。同时，作为用人单位也要注意多了解应聘者的真实想法，不要被表面现象所蒙蔽，更不要一刀切，对多才多艺的时尚型会计人员抱有偏见。

正所谓：新潮会计稳重与才华并重，职场双选理解与包容共赢。

技术人员也另类

销售部的小夏这几天特别开心。上周，她与客户洽谈的一笔几十万元的业务很快就要成交落单了！

小夏立即通知技术部的韩放负责与客户方的邹主任对接，解答技术方面的咨询问题。

就在签协议的那天上午，落单之前，邹主任想再确认一下这家公司的技术实力，于是就拨通了韩放的手机。

起初由于信号问题没有接通，后来，每次重拨，邹主任都会听到这样的男声：

“你没什么重要事可别call俺，俺不接不接就是不接！”

邹主任开始以为是韩放本人在说话，后来才发现是没完没了的彩铃。不苟言笑的邹主任非常恼火，一气之下，以公司技术部的人不专业不靠谱为由，拒绝与

小夏签合同。

韩放则由于他的另类彩铃影响了公司业务的成交，受到公司人事部的通报批评。

事后，韩放在给人事部递交的检讨中写道：“这件事对我触动很大。平时我一直觉得像我们这种技术人员不怎么抛头露面，也没什么客户给我们打手机，上个月发现这个彩铃挺逗的，就换上了，真没想到会影响工作，还给公司造成损失！”

支招1

个性彩铃彰显时尚，但在讲求效率跟沟通的职场，却容易让机主显得轻浮不值得信赖。而且，不是所有打电话给你的人，都能认同机主的时尚触觉和诙谐幽默。因此，职场男女在选择彩铃时，最好避免那些搞笑彩铃，更不要选择有不尊重人倾向的另类彩铃。

正所谓：彩铃虽显个性，职场谨慎选用。

支招2

由于接触客户不像营销客服人员那样频繁，技术人员通常认为只要把技术工作本身做好就万事OK了，容易忽略工作中的礼仪和细节。要知道，技术人员也是公司形象的一部分，其言行也同样受到客户的检验。

正所谓：公司形象随处维护，技术人也须知晓职场礼仪。

想对公关说再见

一天，林娜很晚回家，带着浑身酒气和一脸无奈，颓废地倒在沙发上。爸爸看到女儿这样子，连忙问个究竟。

"小娜，你怎么喝这么多酒，你平时是不能喝酒的呀，到底是怎么回事？"

"爸，我是不会喝酒，可今天宴请客户，如果不连喝三杯白酒，客户就不跟我们签合同。为了帮公司拿下这单业务，我也只好豁出去了，连喝了三杯。爸，我现在难受极了！"林娜捂着肚子痛苦地说。

"小娜，你一个女孩子家的，老这么喝酒怎么能行呢？你明天就得跟你们总监说，下不为例啊！"林娜的爸爸担忧地说。

"爸，公关部就是应酬多，各色各类的客户都可能遇到，如果不满足客户要求，遇到较真的，业务就黄了。"

"那你干脆换个工作吧，我不允许你这样下去！"

"爸，我刚晋升为公关主管，就因为怕喝酒就换工作这也太可惜啦！"

"小娜，你是不知道，我以前出差，遇到一个特别能应酬的中年女性，酒桌上不让男人，可两年之后，病退了，原因就是长期饮酒过量，把肝损坏了。"

"爸，真有这么严重？"

"小娜，爸担心你应酬影响健康。我建议你不跳槽也要换一个不需要喝酒应酬的部门！"

林娜连连点头，理解了爸爸的一片苦心。

一个月后，林娜调到了公司的行政部当主管，很少外出应酬，成了名副其实的办公室女郎。

支招1

应酬是公关外联人员的工作常态。真正意义上的公关工作其实是一项很高端的综合系统。一些大机构比较重视公关行为的规范运作，但很多行业，谈判和业务的达成要拿喝酒应酬说事儿，因此出现把喝酒应酬当做公关人员工作内容的现象。

正所谓：公关不公关，老靠酒在先。

支招2

作为一个公关人员，如果你无法应酬，或者应酬危害了自身健康，那么，即使改变不了环境和工作内容，也要主动求变。如果你从身心都很适应这些商务应酬工作，那么也要适当注意你的个人健康和其他的负面因素，以便随时调整自己，让你所从事的公关工作能够保持良性的发展和提升。

正所谓：公关小酒天天醉，想想可怜亦可悲。公关从来是艺术，何必醉倒一千回？

时尚行业入门难

张瑾最近心情郁闷，给好朋友小美打电话倾诉：

"小美，我最近辞职了，很棘手呢！"

"张瑾，为啥呢？上次你不还说转行工作特高兴吗？"

"唉，是啊！这两年，我为了进入时尚行业，简直快使出吃奶的劲了，我报了几个培训班，投了几十份简历，闯了好几次关，好不容易才进了这家公司，可刚干了半年，同事和学员对我的工作评价都很差，说我有点老土，不入流，不适合这种工作，郁闷呀。"

原来，张瑾是机械专业的研究生，虽然口齿伶俐、思维敏捷，但外表略显得古板保守，在机械研究所工作两年后，她发现这不是她真正喜欢的职业，于是进修了一些时尚的课程，获得了两个结业证书，就到一家时尚咨询机构应聘服饰讲师。

面试当天，张瑾照着时装杂志上的服装搭配方案，把自己精心装饰了一番，的确看上去很时尚，用人机构也看中她研究生的学历和她在时尚方面的进修，于是录用了她，张瑾窃喜自己终于迈进了这个行业的门槛。

可工作不到半年，她就发现与同事们有些格格不入，学员对她的评价大都是"时尚度不够"等字样，公司为此暂停了她的培训工作。

张瑾感到异常失落，不知所措，只好向公司提交了辞职申请。

支招1

转行是需要过程的，像张瑾这种接触时尚行业原本就比较少，自身的专业背景与个性气质离时尚行业又比较远的人，只凭主观的喜欢和参加短期的培训，是很难立竿见影地增加时尚行业专业度的。

正所谓：千年修炼才成仙，转行尤比成仙难。

支招2

事实上，主观喜欢和是否真的适合这份工作还是有一段距离的，就好比喜欢音乐的人很多，但并不是每个人都有天赋去从事音乐工作。很多时尚机构非常注重员工有无丰富的创造力，是否愿意不断追求创新。因此，在进入时尚行业之前，一定要认真评估一下自己是否具备这些素质。

正所谓：转行莫太急，太急准碰壁。

支招3

张瑾这类情况，值得借鉴的是，可以先应聘时尚行业的行政、客服等职能部门的工作，这样可以逐渐掌握行业的特点和业务性质，还可以逐步清晰地衡量自

己到底是否适合转型到公司的核心专业领域。

正所谓：转行要逐渐摸索，看到底适不适合。

人生何处不营销

苏宇只有中专文凭，去一家餐饮文化公司应聘办公室主管。和他一起等待面试的有几十个大学生，个个西装革履，仪表整洁。

苏宇也不例外，他身穿一套蓝色西装，里面穿着白色衬衫，发型时尚利落，面容整洁。

时近中午，许多人都饿得无精打采，又不愿离开。个别女生还让男友陪着来面试。

苏宇灵机一动，跑到一公里之外唯一一家快餐店，倾其所有定做了50份盒饭，让服务生送到大厅。不一会儿，盒饭全部卖完，既解决了大家的吃饭问题，苏宇还净赚了300多元钱。

不巧的是，在他给大家分发盒饭时，一个等候面试的女孩手没有接稳，不小心把盒饭倒在了苏宇的衣服上，使他那一尘不染的笔挺西装溅上了油污。

不过，当轮到他走进主考官办公室时，迎接他的是满脸微笑的招聘经理：

"小伙子，我们已经决定破格录用你了。面对那么多应聘的大学生，你能从上午八点坚持到下午两点，说明你有耐心，对自己充满信心。你中午卖盒饭，说明你很有头脑和独立工作能力。我们需要的就是你这种头脑灵活，善于抓住机会，可以独当一面的人才，好好干吧！”

支招 1

应聘成功需要很多因素，当很多竞争者都重视外在着装时，你凭什么脱颖而出呢？你完全可以开动脑筋，像苏宇那样转动商业头脑，强化自己的内在优势。

正所谓：光鲜外表本无差异，成功应聘还须动脑。

支招 2

苏宇的故事告诉我们，营销是没有界限的！无论做什么工作，在社会这个大市场下都需要营销你自己，营销不需要刻意的推销场合，在日常生活中，只要你善于观察，同样可以发挥优势。

正所谓：工夫只在平时做，人生何处不营销！

金融女向工装说“不”

肖燕和戴星毕业后，在不同的银行做柜员工作。

肖燕高个子，一头短发，打扮得比较中性；戴星则留着中长发，一副淑女打扮。两人平时聊天，很有共同语言。

肖燕："戴星，我参加银行工装礼仪培训时，特不自在，尤其是练习系丝巾。韩国流行的女士领带才适合我呢！"

戴星："你以前就爱穿休闲装。我特别喜欢穿工装，尤其是我把头发盘高了，穿上合体的西服套裙以后，很快就能进入工作状态！"

肖燕："穿工装倒让我平时挺省衣服，我自己的那些衣服就只能留着下班后和假日穿了。"

戴星："对！我的确觉得这份工作很适合我，我准备好好干，将来争取做大堂经理！"

肖燕："我支持你！我也想了一招，我打算读金融管理硕士，准备两年后竞聘到我们银行分行的科室工作，既可以在银行工作，又可以不用天天穿工装啦！"

戴星摇摇头好奇地说："那怎么可能呢，我们一线人员根本不可能不穿工装的，我还没发现哪个银行网点有不穿工装的柜员呢。"

两个同行好友对视一笑，拉钩恭祝她们各自早日实现自己的工作心愿。

支招1

每天上班都要穿工装，难免让人产生厌倦情绪，但像戴星这类热爱本职工作的金融一线工作人员，已经深深体验到职业工装通过化妆和发型的良好搭配，可以带给人一种积极健康的精神风貌，穿上职业工装后，你将代表着公司的美好形象。

正所谓：穿工装乃一大烦恼，树形象却必不可少。

支招2

科室人员不必每天穿着工装，只要着装符合行业风范即可。因此，像肖燕这种既热爱银行工作，虽认可工装的重要性，却不适应工装的时尚白领，则可通过转换自身在银行的工作环境，把自己调整成银行的非一线工作人员，来达成向新工作岗位迈进的愿望。

正所谓：要想不再着工装，就得竞聘转战线。

老师的帽子惹谁了

李老师在一所大学任教，40多岁，中等身材，体格结实，平时经常穿休闲装。

李老师冬天很喜欢戴帽子，一次，李老师买了一顶棕色的鸭舌帽，戴着帽子去上班，却听到了很多不同的评价：

教研室里55岁的老教师说：“你戴这个帽子简直像以前工人的装束，感觉真有点怪啊。”

另一位35岁的老师说：“你戴这个帽子，太正统了，显老啊！”

几个大学生说：“李老师，你戴这个帽子很酷啊！看上去蛮时尚的！”

李老师有点晕，感到无所适从。

支招1

一顶鸭舌帽引来纷纷口舌，说明不同年龄段的人对于服饰的认知是不同的。鸭舌帽在老教师心中通常有着过往的历史烙印，很容易让他们联想到以前工人戴的那种鸭舌帽，但在一些中青年老师心目中，却认为太正式严肃，看上去显老了。而20岁上下的大学生们则认为这种复古款式的帽子，让李老师彰显帅气的酷劲儿，很时尚。

正所谓：一顶帽三代人，年龄影响眼光。

支招2

在工作场合，李老师到底适不适合戴鸭舌帽，首先要看他的个人形象特征，比如，鸭舌帽不适合圆脸或者大四方脸男士戴。另外，李老师在戴鸭舌帽时，一定要注意与服装的搭配，可以与衬衫加毛衫的组合搭配，也可以搭配休闲类的西装等。

正所谓：适不适合戴帽，要看形象特征。

律师也是“好色之徒”

蒋莹莹在星巴克和第二次见面的男友周立约会。

“莹莹，今天这么漂亮啊，都快认不出来了。你今天这身打扮倒真看不出你是个女律师了，上回咱俩第一次见面时你那一身正装够严肃的，真让我感觉自己像个被告，有点不寒而栗啊！”

莹莹喜出望外，顿时眉飞色舞搔首弄姿起来。

“这才是我的本来面目呢！你知道我平时工作总穿那种黑蓝灰的西装，太压抑了！上周末参加了一个女子沙龙，服饰顾问说我很适合穿鲜艳的玫红色，尤其是我穿上这件玫红色雪纺裙一照镜子，可漂亮了，兴奋得差点失眠。瞧，我的臀本来就蛮翘的嘛，老穿死板的正装套裤把我的女人味都给埋没了！以后本律师专挑艳丽的穿，不艳不罢休啊。”

周立拍拍莹莹的香肩，笑着说：

“原来律师也‘好色’呀！”

支招1

职业律师的形象约定俗成——绝对正统、干练强势的气质，这其中也包括女律师。但女性都有爱美的天性，女律师可用局部的细节修饰来点缀深色套装。

正所谓：死板的形象可以改善，要在细节上下点工夫！

支招2

蒋莹莹的做法有些极端，在工作中，律师的严肃感和知性敏锐度是必要的，大面积的艳丽服饰不适合律师的工作性质。她可以在中性色正装的基础上，局部点缀适合自己的鲜艳色，比如：露出鲜艳的衬衫领子，来搭配深色的西装外套等。

为了摆脱对工作服装的压抑感，一味往艳丽的方向打扮则走向另一极端。如果自己适合鲜艳的色彩，则大面积的艳丽服饰可以在工作之外的闲暇时间里穿着，这样不仅可以调剂心情，也让自己的形象更加丰富多彩。

正所谓：矫枉过度不可取，整体局部要混搭！

IT男下班相亲显尴尬

27岁的杨威是网游设计师，可他装无定式，一般就是肥大的运动短裤配拖鞋。

一次，同事周彤给他介绍了一个美眉。

相亲那天，杨威挑了一件最具个性的衬衫，配了一条松垮的牛仔裤和灰浊的

运动鞋。女方是个中学老师，斯斯文文。双方聊了一个多小时，女方给杨威的印象还是蛮不错的。

可第二天，周彤告诉他："杨威，她不同意跟你交朋友。"

杨威诧异地问："为什么？"

"她说你大衬衫上那副骷髅头的图案看上去不舒服，你的牛仔裤松松垮垮的，运动鞋脏兮兮的，觉得你不靠谱、没有责任心。"

"我平时上班穿得比这还随便，这次约会我还特意挑了件有麦昆设计风格的个性衬衫呢，我衣橱里其他衣服就更休闲了。"

"那你的牛仔裤和鞋倒是挑干净点的穿啊，至少别让人家觉得你邋里邋遢的嘛！"

"说的也是，我平时穿衣服随便惯了，这次冷不丁的相亲，还真有点犯怵，一下子不知道如何搭配才适合自己。"

杨威接着调侃地说："一次见面就被美眉给Out啦！看来以后穿衣服不能这么随便，得注重点形象了。哥们儿，接着给我介绍合适人选啊！"

支招1

首先，在相亲场合下，你可以穿着休闲的服装，但应该注意服装和配饰的细节，比如：牛仔裤是否已经变得松垮而灰浊？休闲衬衫或者外套是否已经起褶皱，看上去松垮而不够硬挺？这可是人家对你最直观的第一印象啊！IT人请注意，时尚休闲可以，但不能不注重整洁和细节！

正所谓：相亲穿着不可太粗糙，质感细节并重不可抛。

支招2

作为IT男，虽然不必西装革履去相亲，但应在IT技术人员休闲装扮的基础上，增加细节的品质感和精致度，比如：可以在衬衫领口加上一条男士丝巾，或者在你的眼镜、手表和包上点缀一些时尚元素，等等。最起码应该做到的是，上衣和牛仔裤一定是质地平整、合体的，给人以整洁利落的印象。

另外，为了显得正式而又不拘谨，可以穿着时尚风格的休闲西服，不用打领带，休闲西装敞开穿，色彩可以是富有现代感的卡其色或者是银灰色，便于和休闲衬衫或者T恤搭配。

正所谓：男人相亲有学问，细心搭配显精神。

支招3

相亲时应根据女方的职业和择偶取向来适当调整你的装扮。比如：对方是传统型的女孩，你可以用休闲西装搭配精致的配饰，显得庄重些，骷髅头的图案虽然前卫，但初次见面有些突兀，可以留待双方熟悉后再向对方展示前卫的一面。当然，如果对方是非常时尚的人，那么或许可以接受。你也可以点缀男士丝巾，变换鲜亮的衬衫色彩等。

正所谓：若要相亲一举夺魁，必在服饰搭配称雄！

PART 3
压力是你的好朋友

你的“白骨精”职称

作为单位曾经的台柱子，高收视率栏目的女主播美娜眼看着一批批青春靓丽的新人入职，最近特别郁闷。她的栏目也停办一年多，取而代之的是由新主播主持的新栏目。

美娜和她在大公司任职的同学宛秋聚会，顺便也带上了刚工作不久的表妹晓薇。

美娜：“现在单位把我主持的栏目给撤了，我倒有时间跟你聚聚呢。”

宛秋：“我最近也很闹心，最近我们部门新来了几个背景好又年轻的同事，既能干又会处世，很受上司的赏识。我现在姥姥不疼舅舅不爱，快被淘汰了似的。”

美娜：“以前觉得你在大公司工作，看上去一直挺优越的呢。”

宛秋：“我们这个年龄容易遇到瓶颈，要不我们去参加一些培训，给自己

充充电，总吃老本可不行啊，像你表妹这种刚上班的小白领倒是正有干劲的时候吧？”

晓薇插嘴说：“老实说，我刚工作两年，工资待遇低不说，还经常加班，一天到晚累得够呛，每月的收入除了支付房租和生活杂费，几乎就是个月光族！”

宛秋：“他们这些小白领看来也不容易，不过，现在就业紧张，人才济济，工作不那么好找，先干着再说吧！”

美娜：“宛秋，你说得对，我们是应该调整自己了！看来在职场上人人有本难念的经呀！”

支招1

白领、骨干、精英——俗称职场“白骨精”。他们生存、穿梭在钢筋混凝土构筑的写字楼里。每天既尊贵，又压抑，是职场上的主力军！各级“白骨精”分别有各自不同的压力，作为职场男女，你知道你的“白骨精”职称吗？

正所谓：白骨精不易，光鲜掩压力。

支招2

小“白骨精”一般是指25岁上下的上班族。他们像蚂蚁一样众多，像蜜蜂般勤奋，是公司的主力军。小“白骨精”处在积累经验、建立基础阶段，最应加强的是从学校走向社会的职业化进程，在基层工作中逐渐积累经验，争取早日赢得同事和客户的信任。小“白骨精”关键是要在工作中奠定自己的专业度和好口碑。

正所谓：小“白骨精”修炼真经——修自身的专业度，修外界的好口碑。

支招3

大“白骨精”通常是指30～40岁的高级白领，他们大都已有了处长、经理或总监的头衔，有着事业和家庭的双重压力，房子、车子、孩子的生活目标使他们身心疲惫，为了使自己的职务 “万里长城永不倒”，同时抵御“长江后浪推前浪”的危机，他们奋力进取，日夜奔波。对于这群人最需要巩固的是专业化的权威感和管理力度，在职业形象上的关键词是权威感和领导力。

正所谓：大“白骨精”的箴言——树立权威，强化管理。

莫做综合征受害者

杨曦是一家实业公司的销售经理，每到星期一，她懒洋洋地坐在办公室，总是进入不了工作状态——注意力不集中，心情会莫名其妙地烦躁不安。

想起领导开会讲话，想起会议上要总结上周的业务成绩，还要布置本周的业

务量，再加上上周没处理完的工作，还有几个没有搞定的客户，杨曦的心里难免会紧张和烦躁。

总之，本来星期日晚上为了哄两岁的儿子入睡就有些失眠的杨曦，再想想这个星期还要有5个辛劳的工作日，就更打不起精神了。

到了星期三，工作中接受的信息量变多，杨曦又开始意识到自己对销售任务的周期性焦虑，深感压力大增。

她看到电视上有医生描述的各种心理综合征，还经常把自己的症状对号入座。已工作8年的杨曦，感觉自己已经进入了职场的倦怠期，再加上工作和生活负担的不断增加，她的心理和健康也亮起了红灯。

支招1

有星期一综合征倾向的上班族周末活动安排一定要有所控制，熬夜仅限于星期六，要在星期天恢复生活作息规律，周日的生活作息是导致星期一症候群最重要的原因。周日应该避免白天安排过于繁重的活动，晚上要保证睡眠质量，为周一的上班做好准备。

不妨从心理上暗示自己，星期一是非常美好的一天，是一周的良好开始，是崭新的、充满希望的一周！你可以想象，周一有可能产生新的业绩、新的客户、新的创意、新的机会，甚至是关于你的好消息！

正所谓：星期一并不可怕，从容安排周末事，调节心情状态佳。

支招2

用食物疗法来减轻焦虑感。比如：周日晚上喝些牛奶或酸奶，牛奶有镇静作用，能调剂心烦之症；或周一的早餐喝点百合冰糖粥，有滋阴降火、养心安神功效；也可以在周末或者平时下班后，忙里偷闲地尝试芳香疗法和经络排毒。

新的一周开始，上班族总会面临各式各样的会议或研讨，不妨在早上冲一杯咖啡，让那浓郁的咖啡香味唤起你的工作激情，让你告别周末那般的懒洋洋，振作精神，开始新一周的工作。另外，每天下午也可以忙里偷闲，自行安排出自己的下午茶时间。不管工作多么忙碌，尽量在下午抽空补充一点茶点，哪怕仅有15分钟的间歇，也会让你放松心情，适当的营养补充对缓解工作压力有潜移默化的好处。

正所谓：上班减压有办法，牛奶咖啡下午茶。

支招3

越是在情绪焦虑的早上，越要用心打扮一番再出门。得体的装束可以让精神舒爽，化妆的过程也能让你更加自信，不妨在前一天的晚上就把第二天上班穿的

服装搭配好。如果是星期一，最好搭配出彰显精气神的正式服装，让自己精神抖擞。避免穿着过于松垮，过于柔软不合身的衣服，会让你显得提不起精神来；也不要穿着过于隆重或紧身的衣服，容易给你本来就焦躁的心情增加压力和不安。

正所谓：星期一扮靓有讲究，搭配得体彰显精神。

支招4

《圣经》上说：“心的喜悦是良药。”

上班族切记要正确对待职场出现的所谓各类心理综合征，既不要对自己的心理症状置之不理，也不要过于敏感，草木皆兵，一有压力就担心自己患上了某某综合征，被压力吓倒！这样是不可取的。不妨做零帕族，面对压力依然乐观潇洒哟。

如果发现自己出现心理问题，首先要学会放下，注意劳逸结合，把当天的工作轻松化，适当见缝插针做些运动，不可在心情焦虑时仍旧好高骛远，给自己施加不必要的压力。

平时多和心态积极的朋友谈心交流，倾诉也是一种比较自然的减压宣泄方式。

正所谓：职场压力恒在，不可一味夸大；劳逸结合挺好，心态必须放下。

非典型性流言

卢梅梅和洪丽是要好的同事。卢梅梅为人热情，但喜欢说闲话。一次，她俩中午在一起边吃饭边聊天。

“洪丽，我看你们部门最近变化可不小啊，新来的那个怎么样呀？”卢梅梅好奇地问。

“你说的是杨蕊？科长对她特别关照，常夸她这好那好。这样也就算了，还暗中帮她调考勤、提工资，我的职务和资历都比她高，工资却比她还低，心里觉得真不平衡啊！”洪丽低沉地说。

“你们科长对她这么特殊，我看她一定是后台硬。洪丽，这事我得给你多打听打听。”

第二天一上班，卢梅梅就把洪丽叫到楼层的拐角处。

“洪丽，我昨天把别的科室最磁的几个同事都套了一遍，说杨蕊呀，是公司大客户赵总的女朋友，你瞧，我就说她有后台吧。”卢梅梅边说边朝洪丽得意地一笑。

“不会吧？上次我在超市买东西时还碰到赵总夫妇俩呢。梅梅你搞错了吧？”

“洪丽，你傻呀，那杨蕊肯定就是他小蜜啦！”卢梅梅说起这话眼睛一亮。

“梅梅，我看赵总倒不像这样的人。”

“洪丽，我可没听错呀，就是……女朋友呀……”

一个月以后，洪丽碰巧又在超市碰到赵总夫妇俩一起购物，赵总笑呵呵地拍着洪丽的肩膀说：“洪丽，杨蕊是我妹夫的弟弟的女朋友，现在到你们公司跟你是同事了，请多关照啊！”洪丽吐舌头一笑，尴尬地点了点头。

支招1

职场传话热衷者尤其喜欢在一些事情上发挥想象力，导致传的话通常与事实大相径庭。要知道，在工作场合频繁传递是非流言，是一种很不理智的做法。

支招2

在工作场所，每个人都应该慎重听取自己所听到的信息。要善于辨别其真实性，不要盲从，或者偏听偏信，要相信，职场流言也是止于智者的。

正所谓：职场闲话几何，流言止于智者。

有抱怨你就输

李军和周维分别是公司营销中心一部和二部的主管。鉴于去年公司营业额和利润大幅度下降，营销总监给他们增加了两倍的任务指标，以弥补去年的损失。

会后，李军和周维都感到压力重重。

李军回到办公室后大加抱怨：

“去年就够受的了，我们部门十几个人甩开膀子干才勉强完成任务，今年又给我们加码，我又不是神仙，这么高的任务指标我拿什么完成啊！公司对营销部门也太不公平了！”

周维抬头，笑了笑，安慰李军说：

“我也觉得压力蛮大，不过呢，如果我们能努力挑战这个高目标，说不定对咱俩还是一次磨炼呢。”

李军动辄抱怨公司不公平，无心带领团队落实公司的新目标。

而周维对公司的新政策从不抱怨，及时把新任务指标分解到部门的每一位员工。他先从提升自身的营销管理水平做起，大量搜集国内外的营销成功案例，每周都给下属做营销技巧培训，严格团队的目标管理。同时，他启发下属开动脑筋，集思广益，强化电话营销和公关洽谈的力度，积极开拓了好几条新渠道，挖掘出很多大客户。

到了年底，公司做任务指标考核，李军的部门只完成了任务的40%，而周维的部门不仅完成了任务，还超额完成了10%。

公司提拔周维做营销副总监，李军则因为没有通过经理岗位的绩效考核而被降职调到别的部门。

支招1

英国首相丘吉尔曾说：“能克服困难，则困难化做良机”。

做营销经理的李军和周维，在面临同样销售任务压力的情况下，态度和行动都不同。李军消极地抱怨，结果连任务指标的一半都没有完成；周维则积极地寻找解决方案，带领团队顺利完成了销售任务。李军因抱怨而落后，周维则运用不抱怨的智慧提升了自我。

正所谓：抱怨失掉世界，不抱怨赢得人生！

支招 2

美国《心理学公报》（*Psychological Bulletin*）发表的一项调查研究显示，人越快乐积极，在工作中出现失误的机会就越少，老板给予的评价也就越高。

面对压力，消极的人很容易就能找出借口抱怨，而具有积极心态的人则能够分析状况，看到事情的优点，不抱怨，及时行动，努力找出解决方案。

正所谓：消极是悲观者的荆棘丛，积极是乐观者的太阳鸟！

支招 3

如果用保罗·史托兹博士的“逆商”概念来解释，那么经常抱怨的人则逆商较低，这类人面对逆境时很容易在心态上就被击倒，而高逆商的职场人则能够调整心态，挑战自我潜能，战胜困境，在工作中很容易获得成功。

把注意力集中于你可以控制的工作过程，而不是你不能控制的结果。不要不假思索地给事情贴上好或坏的标签，哪怕某些极像是负面的事情，也要相信它们可能会产生正面的结果。

正所谓：逆商能量强大无比，唤醒潜能转败为胜！

阿Q减压法

何伟到体检中心取体检报告，健康专家徐医师针对他的体检结果提供了健康建议。

徐医师：“你有心跳加速的症状，亚健康状态比较严重，经常焦虑失眠吧？”

何伟：“对，我经常感觉工作压力大，我是做快速消费品营销的，每天的工作节奏都像飞镖一样快，着急啊！”

徐医师：“你这种健康状况一定要慢……下……来，越慢……越好……”

徐医师操着柔和的南方腔，把“慢”字说得也非常的慢。

何伟：“您是说我应该慢生活，就像我爸我妈那样天天在公园里溜达？”

徐医师：“对，你一定要慢慢……的”

何伟：“慢？太慢……真不行啊！我们做销售的都有任务指标，拼的就是速度效率，我快还怕完不成呢，太慢了更不成！”

徐医师沉默了片刻，又重复说：

“一定要慢……的”

何伟：“真慢不下来，我是主管，我工作效率低，让下属怎么看我呀！”

何伟有点无奈，他本希望徐医师能给他一些减压良方，可“慢”这个要求对做销售工作的人来说是致命的，不可能！

徐医师面对何伟的解释也渐渐无语了。

支招1

从养生的角度，倡导“慢生活”是非常好的减压理念。但是，很多职业人的工作性质着实让他们无法“慢”下来，尤其像何伟所从事的这种特别要求效率的销售工作，更需要快速行动占领市场。有些健康专家如果能够多了解一些行业和岗位的特性，也许会提供更加贴切的减压方案。

正所谓：压力都是相似的，减压的方案却各不相同。

支招2

像何伟这类压力已经影响到健康的职场人，如果不能直接把工作的节奏“慢”下来，可以尝试用阿Q的精神胜利法来练习心理减压。一方面心理暗示自己一定可以完成销售任务，另一方面要告诫自己：只要努力了即使没能完成任务也不要紧，就算降一级也无妨，等身体好了说不定还会有更好的机会呢。

为了恢复健康，来点暂时的阿Q心态是必要的，不要总是刻意给自己加压，压力多了会让自己喘不过气来，更容易影响身心的健康。同时，在具体工作上不患得患失，还依然要积极地行动，心态放松了，压力几乎就减少了一半。

另外，业余时间则可以再配合做一些慢运动，比如练太极拳、弹古筝、踏青

漫步等，让自己从心理上战胜焦虑，放松紧绷的神经，摆脱内在的焦虑感，积极减压，从而逐渐消除严重的亚健康状态。

正所谓：阿Q精神胜利法无往不胜，减压驱走亚健康心态放松！

不是同根生，相争也别急

27岁的丽颖和39岁的红宇是公司销售部的同事，私下里很谈得来，趣味相投，经常一起逛街、聊天。

可前不久，部门经理突然离职，人力资源主管在会上表明，公司将在一个月内，根据综合测评从现有人员里选拔晋升一位销售部经理。

这个消息让丽颖和红宇的心里都产生了波动。

红宇认为自己年龄在部门里最大，资历也是公司元老级的，再怎么说，这次晋升也非她莫属。

丽颖却当仁不让，而且去年和今年她的销售业绩都位居第一，再加上是经济管理的科班毕业，硬件软件都有竞争力。

从此，丽颖和红宇也不再一起聊天、逛街了，大家各忙各的。

到了月底，丽颖被晋升为销售部经理。

红宇则希望落空，满腹惆怅，心里很不平衡，经常向公司别的部门的同事诉苦，说丽颖当了经理后就变了一个人，把她当成了眼中钉。有些话被传到丽颖那儿，两个人彻底闹僵。

急性子的丽颖警告红宇，要是再在背后搞小动作，就要对她不客气。

红宇也不示弱，说丽颖资历浅，不跟她一般见识……

支招1

职场好友红宇和丽颖在年龄和工龄上有很大的反差，一个是资历不浅的公司老员工，一个是日趋成熟、业绩突出的职场新宠，在同一个部门工作。起初，职场地位平级，但是因为丽颖的升职，令这段友谊变了味。两人的职场地位出现不平等后，加上心理上的微妙竞争和比较，红宇内心不平衡的滋味很快升级为不满和怨恨。

正所谓：不如意之事十有八九，做人还需一颗平常心。

支招2

值得红宇注意的是，像销售部这类以绩效为核心的部门往往不适用论资排辈。公司选择提升丽颖，主要是看重她连续两年第一的销售业绩，选拔业绩突出的人做销售部经理，一则可以为其他销售人员树立榜样，二则有利于干劲十足地带动部门提高效益；而红宇虽然年龄和工龄都比丽颖长，但是营销业绩平平，做销售部经理多少有些缺乏说服力。

正所谓：销售打拼靠业绩，论资排辈不适宜。

支招 3

在竞争激烈的职场，极少有人会顾及好友的心理而放弃升职机会，但像丽颖和红宇这种情况，如果双方都能体谅一下对方的心情，调整自己的心态，多用新的观念和思维思考，做出适当的互动反应，则仍然可以和谐共处。比如，丽颖当上经理后，可以理解一下红宇的失落心情，及时与红宇沟通，在工作中力求做到对事不对人，在工作之外仍然做好朋友，并尽可能加以宽慰舒解；红宇如果能够适当调整心态，一方面主动配合丽颖的工作，另一方面也不妨留意新的晋升机会，展示自己大气和积极的一面，说不定还可以在公司其他部门获得晋升呢。

正所谓：换位思考很重要，同事相煎两内耗。

你是陶瓷壶还是玻璃壶

在茶壶展销会上，玻璃茶壶和陶瓷茶壶要比一比谁更受欢迎。

玻璃茶壶：“我既能让人品茶又能观赏茶叶的美丽外观，是味觉和视觉的完美结合！”

陶瓷茶壶：“我们可是内涵丰富，喝茶主要还是要品茶的味道嘛！”

玻璃茶壶：“我这叫能见度！符合市场潮流。你里面再有料不展示出来谁知道？”

陶瓷茶壶：“拿你们沏茶虽好看，不过，你要是遇到沸水可容易炸呀。”

玻璃茶壶：“偏见！我们经过精湛工艺处理后耐高温。我们是现代人的新宠！”

这时，一个年轻小伙走到展台，两种茶壶都要买，瓷的送给父母，玻璃的和女朋友一起分享。

玻璃茶壶听到后得意地说：

“这位帅哥果然很有眼力，把我送给女朋友一起分享，真是浪漫呀！”

陶瓷茶壶：“我倒觉得真正懂茶道的人一定会选择我，因为我有神秘感，有韵味！”

玻璃茶壶：“但是，如果只给3分钟时间展示各自的能力的话，我肯定是更受喜爱，我有一览无余的魅力！而你就比较吃亏，这么短的时间谁能品出你的内秀呀！”

陶瓷茶壶：“我看咱俩各有千秋！你外向，我内向；你张扬，我内敛；你前卫，我古典；你秀外慧中，我韵味高雅；你似一见钟情，我似细水长流……”

玻璃茶壶：“哇噻！陶瓷哥，原来你这么有才啊！”

支招1

玻璃茶壶和陶瓷茶壶拟人的对话寓意两种不同类型的人。倘若在职场上，那么陶瓷茶壶则代表着拥有满腹经纶却内敛低调的人，这种类型的上班族如果能遇到识才爱才的伯乐，则可以很好地发挥自己的才华，但如果是在需要高效率、快节奏的工作氛围里，则往往缺乏职场竞争力，有怀才不遇甚至默默无闻的可能。玻璃茶壶代表着形象颇佳、个性明朗、高调张扬的上班族，这种类型的人在职场中更容易吸引眼球，在第一时间展示自身的优势。

支招2

无论你是职场的玻璃茶壶还是陶瓷茶壶，你都应该在保持自身优势的基础上扬长避短。玻璃茶壶型的职场人需要经常充电增加自身的内涵，以便更好地达到内外兼修；而陶瓷茶壶型的职场人则要在美化形象上下点工夫，同时提高自身的表达能力，走向人群，展现出你的才华横溢！

正所谓：玻璃陶瓷各占优，扬长避短拔头筹！

色情网站冤枉了你

由于频繁加班，家住得又远，网络部的范宇连续3天迟到，被人事部的高主任开了罚单，还在局域网上通报批评。

范宇心里不服，就把MSN上签名更改为"人事不干人事"。

可是，范宇万万没有想到，高主任竟然看到了这句话。

第二天，高主任在MSN 上发给范宇一个信息："我自己都不知道，原来我被骂不干人事啊？"

过了几天，高主任一开电脑，显示器上就跳出一个色情网站，反复关闭依然无法删除。于是把范宇叫了过来。

“范宇，你要是对我有意见，也别这么恶作剧来恶心我啊，你快给我清掉！”

“高主任，您电脑里的色情网站不是我干的。”

“不是你是谁呢？你本来就对我上次的批评不满！”

范宇调好了电脑，可第二天高主任一打开电脑，又遇到了同样的状况。高主任非常气愤，立刻找范宇清除。

“范宇，我告诉你，下不为例！”

范宇因此心情欠佳。一天晚上10点，他回公司取东西，打开办公室的门，吃惊地发现外聘的保安小李正坐在高主任的电脑前看色情网页。

范宇这才有机会向高主任把色情网站的事澄清了。

支招1

范宇试图通过更换MSN签名来发泄自己对人事主任批评的不满，结果不仅被对方发现，而且还被紧接着发生的色情网站一事给牵连了，产生了被怀疑的连锁反应，导致自己的工作屡遭误解。

支招2

范宇给我们的启示是：作为现代白领，经常频繁使用MSN或QQ等办公助手，起什么样的网名，做什么样的标注，似乎已成为时尚白领的一项随心所欲的自由。但是，你要知道，在职场上，网名和标注也能间接映射出你的心声。当你心血来潮，冲动地在网络上改个可以发泄的标注时，很可能会让你在工作中惹事上身，更容易给人留下不成熟和不职业的印象。

支招3

在工作中，如果遇到心里不平衡的事情，与其在网上随意发泄，倒不如直接与相关的同事真诚沟通。如果范宇能够直接找高主任开诚布公地表达自己的意见和困惑，而不是在网上情绪化地发泄，那么范宇被高主任怀疑的事情就不会频繁发生。另外，高主任在没有证据的情况下，一味怀疑怪罪员工的做法也是不可取的。

正所谓：宣泄不满要沟通，找对方法很重要。

PART 4
看你职场七十二变

变心的翅膀不可少

向悦和男友严翔聊起了自己在工作中的烦恼。

向悦："严翔，我发现，像我这种做中层领导的，最容易受夹板气！我去年被公司评为最忠诚的部门经理。现在，我依然忠心耿耿，可老板的心思却飘忽不定。"

严翔："向悦，什么事儿让你这样大发感慨？"

向悦："上个月，老板让我开除小李，也没说什么因由，就是看他不顺眼。可我看小李有改进的潜力，就跟老板说情把他留了下来。结果，两不讨好。老板觉得我管理没有力度，庇护员工；我安排小李干一些内勤的工作，导致他也对我不满。"

严翔："嗯，你替老板和员工都考虑到了，是个顾全大局的好经理呀！"

向悦："更让我委屈的是，小李还到老板那里说我的不是，又毛遂自荐提交了我们部门的工作新方案，让老板对他的印象来了个180度的大转变，今天老板

竟然找我谈话，要把我调到另一个部门当经理，让小李接任我的职务。"

严翔："看来，你的老板和下属都在变，你以后也得适应变化啦！"

向悦："严翔，这次我深有体会，做我这样的中层经理经常要忍受一些无奈的事儿，总有难言之隐。以后，我也不老逼你当官了，看来，像你这样专心搞技术研究也挺好的！"

支招1

从向悦做中层部门经理的素质来讲，具备了替老板和下属着想、顾全大局的优点。一方面，有主见和口德，注重老板和员工的关系；另一方面，愿意发挥下属的潜力，给员工改过的机会。

但是，身处复杂多变的职场，向悦还应该认识到，作为老板，通常会从工作效益和员工使用价值最大化的角度来看问题；作为员工，通常也会以自身价值和利益在机构的最大化发挥为自己的目标，因此，向悦还要善于从领导和下属的不同角度全方位地思考问题，以适应工作中突如其来的各种变化。

支招2

在职场上，上班男女需要做个"多心"的人，用心变换你看事情的角度。比如：有了爱心和耐心你才能够善待你的同事和客户；有了真诚之心你才能忠实于自我和所在的机构；有了“变心”的翅膀你才能站在老板和员工的不同角度去应对每一次剧变的挑战！

多带几颗“心”，在不同的形势和场合下变换你的重心，你将在职场上飞得更高！

正所谓：中层领导最难当，领导下属两难伤；唯有一颗变心在，任他挑战又何妨！

隐形的翅膀也灿烂

孙锐名校毕业，在一家大公司策划部已经工作四年。

在几次大型策划讨论会上，孙锐凭借精彩的广告创意崭露头角，引起公司高层廖总监对他的青睐。此后，廖总监常和他沟通，带着他做了几个大项目，还在年底透露将提名孙锐做部门经理。

正是这个允诺，让孙锐更加干劲十足。

然而，新年过后，任命一直没有下来，廖总监也突然离职。孙锐的晋升沦为泡影——新总监任命了另一位同事做了经理。

孙锐心中茫然，面对同事的问长问短，装出一副无所谓的态度，私下里跟自己的好朋友大明说起此事。

“大明，我真倒霉，怎么这么不巧呢，好不容易有伯乐赏识我，现在突然间一朝天子一朝臣了！”

“孙锐，你想开点，你们新总监对你怎么样啊？”

“新总监表面上还说得过去，但我感觉有点别扭。”

“那你打算怎么着？”

“先这样混着吧。我现在开会都坐后头，对公司的举措，绝对不多言多语。”

“孙锐，这不像你的一贯风格嘛？”

“我现在不想跟上司发生冲突，老实说，他人也不坏，只是想要保住他自己的利益，而我呢，等以后有机会了再张开我那‘隐形的翅膀’！现在上班就是混，就算是半休眠啦。”

孙锐露出几分狡黠的笑容。

支招1

孙锐晋升的许诺被落空，于是开始用得过且过的心态在职场上蛰伏，希望等有晋升机会时再重整旗鼓。既然并非自身原因造成的晋升失败，那么就不应该故意消极地应对工作，这样反而容易让高层和其他同事发现你的不足，也容易与新机会失之交臂。

支招2

面对人事变化，一方面应该及时调整心态，用更积极的工作态度来展示自己阳光和大度的一面，相信只要继续提高综合能力，就有可能获得下一次晋升机会；另一方面，职场的很多事情不是人为能控制的，如果过了太长时间在公司依然没有得到晋升，则可以向公司高层毛遂自荐，如果仍然没有希望，也可以考虑跳槽。

正所谓：晋升一旦成泡影，积极应对莫怠工。

被跳槽的难言之隐

李树想跳槽，打电话给做猎头的朋友徐枫。

"徐枫，你帮我介绍几家诚信的公司吧，我得换工作了！"

"李树，你换新工作还不到一年呢，又想跳槽啦？"

"徐枫，我也是迫不得已，年初我应聘到这家公司做部门经理，招聘广告上明明写着年薪10万元，可到年底结薪的时候，公司巧立名目扣除一堆莫名其妙的费用，七扣八扣，10万元的年薪到我手里只有5万元。公司还说年初这个标准是针对高级经理定的，我是普通经理，标准应降一个档次。"

"哦，原来是公司没给你兑现承诺啊。你年初没跟这家公司签协议吗？"

"合同倒是签了一个，是简单的雇佣合同，可合同上没有年薪的具体金额和支付方式呀！"

"那是你太不重视合同了，年薪制的待遇就应该在上岗前把标准和方式签署清楚呀，我就听说有家公司用年薪制钻空子，在年底前一个月突然裁人，让员工有口难言。"

"嗯，看来还是我自己不严谨，应该把这些都明确了再上岗工作。那拜托你帮我寻觅一个诚信的公司吧，这回我得认真对待合同了。"

支招1

被跳槽是一件很无奈的事情，作为职场人，要认真对待劳务合同，不要因为当时迫切想获得一份工作就冲动行事，稀里糊涂上岗，以免等到年终在具体薪水问题上让自己陷入有理也说不清的局面。

支招2

如果你最初没认真看所签署的合同，用人单位拿你入职时的合同说事，你必然无从说理；如果你入职前认真签署了明确的合同，那么即使你遇到不公正的状况，也可以依据合同与用人单位论理。当然，如果用人单位一直就没和你签署过合同，那你只好吸取教训，以后在求职时要再职业化一些。

正所谓：劳动合约是保障，保证职场不上当，上当论理可伸张。

小麻雀变身火凤凰

静怡26岁，最近当上了一家营销公司的副总裁。

一次，静怡参加同学聚会，互相交换名片时，几个昔日同窗好奇地问静怡为何这么快就当上副总裁，静怡讲起了自己的职场经历。

大学一毕业，静怡就进了这家大型民营企业的营销公司。

第一年，静怡做办公室秘书。一次，正值公司销售旺季，销售部有两个同事生病不能到岗，结果人手不够，静怡就被招去参加集训，以备补充人手。

静怡做业务特别用心，每天外出跑客户，回办公室后还强迫自己打50多个

客户电话。两个月下来，静怡的销售业绩居然在公司所有销售人员里拿了第一。

由于静怡的出色表现，公司调她到销售部做了销售主管。此后两年里，她几乎跑遍了整个华北和华东地区，每天回家很晚，连衣服都没脱就睡着了。

静怡连续两年保持公司销售冠军的业绩，先后被提升为销售部经理、销售总监。

走上管理岗位的她，开始用自己的销售心得来培训团队，一年以后，在她的带领下，公司的销售任务比去年同期翻了两番。

静怡也因此被公司破格晋升为副总裁。

支招1

像静怡这样的职场新人，由于一个偶然的机会得以展示了自己的销售才能；之后，又沿着自己最擅长的方向努力拼搏，不仅及时抓住了机会，还把销售的特长发挥到了极致，拿业绩说话，以业绩服众，终于由一个行政秘书步步高升为公司副总裁。

支招2

值得上班族借鉴的是，要想由小麻雀变为火凤凰，一定要发掘自己在职场的强项来。不是每个上班族都能像静怡这样，有机会迅速在工作中找到自己的特长，有很多时候，需要不断地摸索，才能逐渐发现适合自己的职场定位。成功定位后，加倍努力必不可少，同时，在专业和管理等领域的不断充电、不断总结工作经验等对自我提升都至关重要。

正所谓：发掘职场特长，麻雀能变凤凰。

办公室变脸有绝活

安凯在一家快速消费品公司做市场部经理已经五年了，认为很难再有提升机会，于是就跳槽到一家规模庞大的保健品集团公司做销售经理，在试用期，安凯的上司曹总监找他谈话。

曹总监：“安凯，从这月的业绩报表来看，你们四个新入职的销售经理只有你还没有落单。要知道，试用期后，公司只留用三名销售经理，我希望你加油啊！”

安凯：“谢谢您的提醒！我正在联络一些渠道，还得有个过程。”

曹总监：“安凯，我知道你在原来的公司里‘marketing’做得不错，但你要知道，你现在的工作是‘sales’。咱们集团规模很大，市场部和销售部的职能是不同的，你需要及时转换工作角色啊！”

安凯：“曹总，我做了五年‘marketing’，现在来挑战‘sales’岗位，的确非常需要您的指导！”

曹总监："做市场是解决竞争和未来问题；销售是解决当下和现实的问题。通俗地说，做市场侧重宏观战略，卖概念、卖品牌；做销售则短兵相接，卖产品，拿销售额论成败，创利才是根本。我认为，你现在的工作方式还不像一个销售人员，更像一个市场经理。"

安凯："曹总，您的点拨让我茅塞顿开，我会努力的！"

接下来的两个月，安凯开始行动起来，终于功夫不负有心人，试用期即将结束时，他的销售业绩远超其他三位销售经理，不仅顺利转正，还被任命为高级销售经理。

支招1

安凯的故事，反映了职场中"marketing"和"sales"岗位成功转型的历程。要从市场部经理转型为一线销售经理，必须改变原来的行为模式，比如，必须转换原先在市场部致力于推广宣传和渠道建设的宏观角色，放弃那种不直接触及赢利的堂皇自尊，积极行动起来，直接面对一线销售的历练。

支招2

市场和销售是很多上班男女频繁从事的工作岗位，只是鉴于所处的行业和机构结构的差异，市场和销售工作的状况和方式也不尽相同。在有些机构里，难免会出现这两个部门的工作矛盾，销售人员容易认为市场部门的营销方案是闭门造车，没有可实施性；而市场人员则容易责怪销售人员没有长远的全局眼光，落单不择手段。

一般来讲，做市场是注重理性和调研，重在传播沟通，树立品牌，是卖概念、卖品牌，是谋略的艺术；做销售则是短兵相接，创利为先，重在卖好终端产品，以销售额为考核标准，是赢利的本领。

正所谓：市场任重道远，销售创利当先！

离开公司的自由鸟

郝昆参加大学同学的联欢活动，彼此互递名片。当大家看到“郝昆工作室”的别致名片时，纷纷问长问短，一时间，郝昆成为了聚会谈论的焦点。

郝昆说起自己做自由职业人的特色经历。

郝昆有注册会计师资格，工作三年后，在公司准备给他升职时，他却打算脱产考研。获得计算机硕士学位后，在一家知名的IT企业做网管和网页设计。三年后又辞职，做了高级SOHO族。

他利用专长、技术和人际关系，开展多种业务。他不隶属于任何公司，自主安排与各机构的合作，想何时工作就何时工作。

这时，老同学们七嘴八舌议论起来，有的表示羡慕，有的却对他的行为感到费解。

郝昆说：“我厌倦了职场。升职加薪就意味着我得更加拼命地去工作，更没有自由。这不是我想要的生活！”

郝昆回忆起他高考后去桂林旅游时，曾经遇到过的一个美国游客。

美国人以前曾是IBM公司的员工，后来辞职做了自由职业人。他当时已经游遍了大半个欧洲和亚洲，挣够了钱就出门旅游，钱用完了又回去工作，享受着工作与生活平衡的快乐。

郝昆潇洒地说：“从那时起，我就期待像美国朋友那样工作和生活。所以我一直努力掌握一技之长，为自己在市场上立足作准备！”

支招1

自由职业者通常是脑力劳动者或服务提供者。时下，“宅”理念成为职场男女崇尚的一种工作方式，网络为他们提供了一个赖以工作和生活的大平台。他们不为就业而困扰，甚至不断放弃一个个就业机会，放弃朝九晚五的上班族生活，甚至放弃让很多人羡慕的职位，选择了具有工作自主权的SOHO生涯。

支招2

作为新型的时尚群体，自由职业人具有洒脱的浪漫色彩，特色的工作方式往往使他们成为新新人类羡慕的对象。

但是，成为自由职业者并不是一件容易的事情，必须要具备非常专业的知识与技能、社会生存能力，还要有坚强的意志。要想成为自由职业人，通常要有很强的分析能力和出色的口头、笔头表达能力，乐观自信，能与他人友好相处，并有能力承受经济不稳定的压力。同时，还一定要有创造力，敢于接受市场的挑战，在任何情况下都能自主自觉地工作。

正所谓：自由职业不简单，不用上班能赚钱。专业人脉意志力，成功SOHO三要点。

支招3

做自由职业人，人生的价值通常是由自己决定的。一旦发现自己有什么过人之处或者特殊才能，不要犹豫、不要怀疑，做自己真正喜欢做的事才能发挥最大的潜能。

当然，在你自主工作的过程中难免会遇到挫折和困难，只要能够保持对生活的热情和工作的激情，对自己负责，不断地探索、实践，就可以用自己独特的方式来应对职场，走自己的路，做自己的事。

支招4

上班男女在做自由职业人的征途上，需要更大的自控能力和自我要求。比如，可以利用精力最充沛的时间段，来从事创造性的工作或者最棘手的工作；在精力相对较差的阶段，安排一些轻松的工作，配合精力状况合理分配，才能做好时间管理，达到事半功倍、游刃有余的境界。

另外，从来没有人能依靠自己一个人的力量就获得成功。努力赢得他人的支持与协助，也是事业兴旺的必备要素之一。

正所谓：自由职业乐逍遥，潜能毅力加人脉。

老板为何老板着脸

华峰是名牌大学MBA的高材生，在一家私企做高级业务经理。他的老板谢总没什么学历。在一次对饮中，华峰借着酒劲，表达了心中的不服。

谢总没有反驳，而是给他讲了一个故事：

“有个人去买八哥儿，看到一只八哥儿就问价，卖八哥儿的说这只八哥儿会两种语言，卖300块。那人再问另一只，卖八哥儿的说这只会四种语言，卖500块。那人嫌贵，犹豫不决，转身突然发现还有一只毛色暗淡、动作也不怎么灵活的八哥儿，标价900元，那人连忙问店主是不是这只得会说八种语言呀？店主却摇头否认。那人特纳闷，这只八哥儿又丑又不机灵，这么普通怎么会这么值钱呢？店主告诉他说，因为另外两只八哥儿叫这只八哥儿老板。”

谢总接着说：“华峰，我就是那只又丑又不机灵的八哥儿！我心理素质好，会用人，能领导一批精兵强将跟我一起奋斗！我从小家里穷，很小就在工地上干重活，有一次差点从高处掉下来摔死！我创业5次都失败了，经历了不知多少艰苦和磨难，锲而不舍，才拥有今天的事业。”

华峰望着谢总点着头说：“这些事我还真不一定能承受得了。”

谢总说：“有人开玩笑说，老板就是老板着脸的那个人，这也不假。做老板，的确肩负着比员工更艰巨的责任。员工只关注好自身的发展和个人的利益，老板要对整个企业的命脉负责，压力可想而知。要能当好老板，心理素质一定要强。”

支招1

这则故事道出了做老板的资本和素质要求。真正的领导者，不一定是事必躬亲的专才，但一定要有超强的心理素质，坚韧不拔的精神和知人善任的组织管理能力。

支招2

能否做老板，与学历高低无关。想当老板的上班族，在创业之前一定要掂量一下自己是否具备做老板的素质。你不妨用下面的小测试考考自己！

当你和几个朋友到一家酒吧里聚会，酒吧里饮料酒水繁多，当侍者问你喝点什么时，你通常是：

1. 不管其他朋友点什么，只点自己想喝的可乐。

2. 点的饮料和其中一位朋友点的饮料相同。

3. 先主动说出自己特别想喝的德国啤酒。

4. 先点好一杯苹果汁，再比较价格，视周围朋友点的情形而参考变动。

5. 犹犹豫豫，看了半天价格，一时也说不出自己到底要喝哪种饮料。

6. 先请侍者说出该店最有特色的饮料后再决定点哪一种。

分析

选择1：你是个乐观、随意的、完全不拘小节的人。做事果断，容易很快决定跨出创业的第一步，但是否正确却难说。你是享受型的人，希望做点自己感兴趣的事情，但创业容易守业难，做老板后如遇到困难则承受力不强。

选择2：你做事缺乏主见，属于顺从型，做事慎重，经常在团体里忽视了自我的存在。对自己的想法没有自信，常随风倒，立刻顺从别人的意见，这种人是易受人影响的人，不太适合独立创业做老板。如做老板，则容易显得随和有余，而权威不足。

选择3：你性格直爽、胸襟开阔，不管多棘手的事也能轻而易举、若无其事地说出来。这种人待人不拘小节，大大咧咧，说话心直口快，做事雷厉风行，非常适合创业做老板，但要注意多体恤下属。

选择4：你是个小心谨慎，注意协调关系的人，你的优点是亲切随和，既有自己的一定见解，又能够听取别人的建议，想象力丰富，但太拘泥于细节，有点吝啬，缺乏掌握全局的意识，做老板时头脑会比较灵活，但容易缺乏战略眼光。

选择5：做事一丝不苟，思虑过度，生怕自己上当受骗。但你的谨慎往往是

因为你是研究型的人，做事希望能找出合理的根据，否则不会轻易就冒进蛮干，过分追求完美，优柔寡断，缺乏冒险的魄力，不适合做老板，容易让办事效率高的竞争对手率先抢占了商机。

选择6：你是个自尊心强的人，特别崇尚与众不同，在做任何事之前，总是坚持要做就要有特色，做任何事都追求不同凡响。做事积极，不喜欢过于从众地做一些平庸的事情，这种创新意识将对做老板有利。

单身女的职场XO

夏萌出差，在机场碰上了几年没见的老朋友赵磊，连忙打招呼。

赵磊："夏萌，没想到在这儿碰上你！你好像胖了一大圈，真有点认不出来了。工作忙吗？"

夏萌："我是胖了很多。医生说我生活不规律内分泌紊乱导致的肥胖，为此我很迷茫。我的工作性质就是跑全国各地开拓市场，公司觉得像我这种单身无牵无挂的人很适合长期出差，现在我也很受重用，公司给我提高了不少薪水。"

赵磊："我们单位出差的大多数是男士，他们也是一年四季长期在外。夏萌，像你这样长期出差，除了生活不太规律，恐怕也没时间交男朋友吧？"

夏萌："你又说到了我的痛处了！我都30了，简直成了空中飞人，我妈催我换工作，怕我耽误个人问题呢！"

赵磊："公司越重视你，你越发感到左右为难。你应该弄清楚你到底想要什么？"

夏萌："而立之年了，我很想尽快结婚生子，可现在连谈男朋友的时间都没有，我感到压力很大。想到以后成了高龄产妇，心里特焦虑！"

赵磊："要不你就辞职，重新找个轻省点儿的工作，先实现你的生活愿望嘛！"

夏萌："可我心里非常矛盾！我已经积累了不少业绩和信誉，公司领导找我谈过，准备两年后晋升我为副总裁呢。要是辞职了，这么多年的打拼成果不就前功尽弃了吗？我很困惑，很难取舍……"

支招 1

单身女白领通常被机构看作驰骋在职场上的无负担干将！她们精力充沛，无太多的生活负担，对工作总能够积极投入，散发着职业化的潇洒。

像夏萌这种情况，首先应该调理一下自己的身体，以便用健康的状态迎接生活和工作上的变化和发展。不妨尝试向公司申请适当减少出差的频率；在出差时，学会差旅的自我调控和保养，在工作上尽可能地提高市场开拓的统筹水平，同时要兼顾个人生活。

支招2

什么是单身女白领的职场XO呢？“X”即“x-factor”，表明她们的生活面临着众多的选择——找什么样的配偶，是否要生小孩，职业生涯朝哪个方向发展，等等，生活和工作的可塑性还很强，很多事情都还是个未知数；“O”即是“Opportunity”，表明她们在职场上有很多可以尝试的机会，很容易在工作上表现得相当投入，受到所在机构的青睐！

正所谓：单身女白领，职场遇瓶颈。未来机遇多，大胆敢尝试。

孩儿妈的职场SWOT

建雅在一家大型金融公司做销售部经理，在她的领导下，销售部业绩斐然，多次受到集团公司的表彰，建雅也获得了加薪的奖励。

正在她准备冲刺销售总监职务的时候，她怀孕了。她既兴奋又焦虑。兴奋的是父母早盼着喜讯，老公也正想要个孩子；焦虑的是职场竞争激烈，她担心因为宝宝会错过升迁机会。

为此，建雅在待产时经常感到抑郁和焦虑，常常在半夜里醒来哭泣，心理负担日益加重。

建雅产期将至，公司为了保证销售业务的不停滞，任命了一位代经理，替她主持工作。

休完产假，建雅上班时，遭遇了一个让她很失落的事实——她已经不再是公司的销售部经理。那位代经理在工作上表现出一定的优势，公司综合考虑之下，把他转正了。建雅的待遇也比生育前降低了，公司也似乎没有更适合她的岗位了。

不过，由于她在业内口碑好，人缘佳，又把家务事安排得井井有条，所以，她跳槽到一家实力雄厚、环境良好的公司，不仅职务提升了，待遇也比原来的公司增长了一大截，还有出国参加培训的机会。

建雅对自己的选择非常满意，她大显身手的机会终于来了！

新公司对建雅的重用，让已做了母亲的她感到如虎添翼，不减当年，建雅深感自己生育之后，在职场上反而更有竞争力了！

支招1

很多职场孕妇都会出现心理焦虑的状况，尤其是像建雅这种事业心强的高管孕妇，就更担忧生宝宝后对职场生涯的未知影响。

建雅生育后虽被原公司免职降薪，却让她获得了更好的发展机会。这就给“孩儿妈型”职场白领一个很好的启示：一定不要对生宝宝后的未来过于担忧，只要自己有实力，生育后的职业发展空间仍然是相当广阔的。

支招2

SWOT态势分析法，是由旧金山大学的管理学教授于20世纪80年代初提出来的，SWOT的四个英文字母分别代表：优势（Strength）、劣势（Weakness）、机会（Opportunity）、威胁（Threat）。

如果用SWOT来分析“孩儿妈型”职场白领，那么她们的优势是：已经完成生育，不用像未婚或者还没生育的女白领那样面临多种未知的抉择，担心今后的生育会造成工作的空当期；

她们的劣势是：生完孩子后有可能面临职位的被更新与被调整，生活的经济负担也比以前加重了。

她们拥有的机会是：已经积累了不少职场经验，从内到外散发着成熟的魅力，更有可能被机构委以重任，自如地驾驭职场上的各种升职机会。

她们面临的威胁是：有可能被逐渐成长的年轻白领迎头赶上或者超越。

正所谓：孩儿妈莫抓瞎，峰回路转又一家。

全职太太巧入职

倩丽工作一年后就结婚生子，当上了全职太太。但最近她老公面临着被裁员的危险，仅凭老公一己之力难以支持全家的开支。

倩丽想找份工作，缓解家里的经济压力，可成百份的简历石沉大海，杳无音信。

后来，她的同学介绍她到一家公司做行政助理。

但是，倩丽感觉自己与职场脱节太久了，连续好几个星期，很难进入状态。结果，上司很恼火，为此，倩丽没有通过试用期的考核，只好下岗。

倩丽觉得很失落，认为自己似乎已经没有能力重返职场了。

正在倩丽为自己的前途和家庭焦虑的时候，邻居美芳带来了一个好消息。美芳让她照看自己的服饰小店。倩丽从小就梦想经营一家小店，而这家服饰小店又在自己居住的小区附近，岂不是两全其美的好事。

倩丽上岗后，除了投资和风格定位由美芳掌控之外，其余大大小小的经营事

务都由她独立打理。

她在穿着打扮方面比较有天赋，喜欢给来店里的顾客支招儿，看到顾客满意的样子，她感到特有成就感。

倩丽感受到这样的转变，比去公司当白领更容易适应，现在，她打理的服饰店越来越红火，回头客不少。

倩丽开始享受她的这种新工作方式啦！

支招 1

全职太太重返职场都会不同程度地面临着压力和挑战，从之前的母亲、太太的角色转换到一个职业女性的角色，竞争力经常会因为久离职场而大打折扣，所以很有必要在上班前进行一些尝试和修炼，重新挖掘兴趣和能力所在，找出自己今后的职业定位和出路。

支招 2

全职太太需要正视自己的职业空当期，尽量不要因为这个经历而影响到自信心。重返职场后，可以抱着一种空杯的心态，把自己当成一个职场新人，快速融入职场，抱着乐观开放的心态来对待新的工作平台，同时为自己掀开崭新的一页。

支招 3

倩丽的故事给全职太太的启发是：重返职场不一定必须回到写字楼做白领。条条大路通罗马，像开店这样的个性化工作或许上手更容易，也是一个不错的选择，关键是要找到自己喜欢和适合做的事情，明确自己的职业生涯应该怎么发展，这样，重返职场后便可以很从容地进入最佳工作状态了。

正所谓：全职太太不可自暴自弃，重返职场更要再接再厉！

PART 5
职场形象的潜规则

装修你的心灵之窗

客户经理海婷去拜访老客户程瑞。

程瑞："海婷，几个月不见你变化不小呀！漂亮了！"

海婷："谢谢！你觉得我哪儿变了呀？"

程瑞："一时说不出来，就是觉得你跟以前不一样，精神了许多，是不是换了个新眼镜啊？"

海婷："恭喜你答对了！我是圆脸，原来那个眼镜框也是圆圆的，就显得我不太精干。后来，我接受了形象顾问的建议，把镜框换成了这款柔和的长方形的，的确比以前协调了，我们同事也都说效果很好呢。"

海婷接着问道："程瑞，还有一个变化，看你能不能看出来？"

程瑞："好像你的眼睛比以前大了似的。"

海婷："你知道，我以前眼睛从来不化妆，后来我参加了一个化妆课，学习

了修眉和画眼睛，所以看上去精神多了。”

程瑞：“那我又答对了！今后，我与你这个美女大客户经理合作，一定会更加愉快呦！”

海婷：“好！祝我们进一步合作顺利！”

支招1

在非语言的交流行为中，眼睛有着重要的作用。眼睛是心灵的窗户，最能表达思想感情，反映心理变化。眼睛是面部的核心，也是化妆修饰最重要的部位。修饰好你的心灵之窗，会让你显得更加自信。

眼部的化妆分为眼线、眼影和睫毛膏三部分，眼线要从睫毛低部用黑色或褐色眼线笔由内眼角画到外眼角，画下眼角由外眼角画至内眼角的2/3处，避免全画上，将眼睛包围，应该先上后下，上重下淡，必须紧贴眼睑边缘。眼影的色彩选择要与眼形、肤色和服装相协调。凹陷的眼睛，可以使用亮色系的眼影，如粉红、紫色等；凸出的眼睛，可以使用暗色系的眼影，如棕红、灰色系等。上睫毛膏时，要先用睫毛夹将睫毛卷曲，再在睫毛上刷上黑色睫毛膏，市场上有加长或浓密等多种功效的睫毛膏，一定要根据自己眼睛的特征来选择。

化妆时，在均衡的前提下，突出你得体的眼妆，可以使眼睛显得更加炯炯有神，体现出你的精神风采。

支招2

除了化妆之外，如果你戴眼镜，那么，还要注意脸型和眼镜形状的整体协调，否则便难以达到美化的效果。海婷的圆脸如果搭配完全没有任何棱角的圆镜框，则显得整个面部更加臃肿，让她显得亲和有余而精干不足。当她选择一款略有柔和棱角的长方形镜框时，就可以让面部增加一点直线条，从而在她的职业形象中增添了干练的元素，人也会显得比以前精神许多。

正所谓：心灵之窗修饰有道，职场形象神韵倍增。

修眉笑对千夫指

耿杰带着4岁的儿子小壮到售楼处咨询买房的事情，离开后，他忽然想起小壮的外衣落在售楼处的沙发上，于是回去取。

结果衣服不在沙发上，他连忙向服务台的人员咨询。

耿杰：“我刚才向你们售楼处的何小姐咨询时，把小孩衣服落在这儿了，现在来取。”

小壮童言无忌的说：“就是那个有四个眉毛的阿姨！”

耿杰和咨询服务台的工作人员都笑了。

服务台的两个工作人员对视，笑着说：“四个眉毛？咱们这儿谁多长着两个

眉毛呀？”

耿杰：“别听他胡扯，小壮，怎么能这么说阿姨呀！”

小壮：“阿姨就是长着四个眉毛嘛！”

这时，刚才接待耿杰的何小姐正好走过来。

何小姐：“哦，你们回来了，小孩的衣服落在沙发上了，我给收起来等你们来拿呢。”

耿杰连忙致谢，也让小壮向阿姨道谢。

耿杰父子俩走后，服务台的同事把小壮说四个眉毛阿姨的事告诉了何小姐。

何小姐回到办公室拿出镜子一照，发现自己果然像多了两道眉毛似的，她突然尴尬地意识到，肯定是今天早上阴天，加上她起晚了怕迟到，便匆忙用黑色的眉笔画了两道眉毛就赶紧出门上班了，由于她本身的眉毛长得非常浅，浅的从远处看上去就像没有一样，所以她每天上班前都要画眉。不巧，今天早上光线不好，她一着急，画眉时没有顺着原来的眉形描，而是画到了原来眉毛的上面去了，难怪让人家小男孩说成四个眉毛呢。

支招1

眉毛的化妆可以彻底改变脸部的表情，甚至改变脸部的宽度与长度。眉毛的整体浓密程度应该配合整个脸部的五官，不管你是什么年龄，眉毛以清爽为宜。

通常粗眉显阳刚，细眉显阴柔。

支招2

眉毛的结构主要有眉头、眉峰、眉梢三个部分。眉毛由眉头向眉梢逐渐变细变淡。眉头之间的距离近时，容易产生严肃和冷峻感觉。眉头之间距离远时，容易令人感到安详、舒展。眉峰在眉梢与眉头的1/3处。眉峰的位置如果在正当中，有增加脸长度的效果；眉峰的位置如果靠近外眼角，就会给人以脸庞开阔的感觉。眉梢是从鼻翼点到外眼角两点连线延长线的交点，超过眉毛长度的应该拔去，而较短的眉毛应该补上眉梢。

支招3

修眉的步骤：先用眉刷整理眉毛，用眉夹拔去多余的杂眉，用眉剪剪去过长的眉毛，用眉笔画眉，不能画成一条线，要一笔一笔画上去，表现质感，用眉刷轻轻刷匀，检查是否对称。

另外，你还应该注意眉型与脸型的搭配与协调。长方形脸配合基本无弧度、较平直的眉，可使脸庞看上去短一些；圆形脸增加内侧眉毛的坡度，并且斜向上方，可使脸部看上去长些；方形脸增加眉的坡度，眉峰明显并靠外，可使脸庞柔

和些；椭圆形脸搭配有弧度的眉，眉头与眉梢在同一水平线上；倒三角形脸搭配弧度自然弯曲的眉，眉峰不明显。

正所谓：修饰眉毛马虎不得，成也修眉败也修眉。

口红撬起效益杠杆

在某流行杂志做化妆编辑的柏娜是个时髦女郎，经常会接触到各大化妆品牌，每天化妆都要换一种口红的颜色。

通常，公司开会用棕色口红，和客户会面用橙色口红，参加晚宴用紫色口红，和老公逛街用红色口红，周末陪孩子用自然色口红……

一天下班，柏娜涂着金色的荧光唇膏回到家。老公看到柏娜嘴上的唇膏还闪着荧光，问道：“你这口红这么花哨，不会有什么有害物质吧？”

柏娜撅嘴说：“你这个书呆子，真让人扫兴，一点都不懂浪漫！”

老公冲她傻笑说：“我看你一天换一种口红颜色，怕你用了不安全，今儿这种颜色我以前可没看你涂过，这么扎眼，还闪着金光。”

柏娜：“这是法国X品牌的新款哟！亲爱的，你知道，我昨晚涂这款口红去参加商务晚宴，灯光一照，很吸引眼球，还谈成一笔合作呢。”

老公质疑地问：“难道这口红还能帮你产生效益，有这么大的作用？”

柏娜：“那当然了！现在咱家经济压力大，又要供房，又要养孩子，咱俩暂时又不买什么大件的贵重东西，我多变换妆容也能够在各种场合受人重视呀！”

老公点头说：“说得也是，我这两年的确没给你添置什么贵重衣服，好在我老婆会打扮，化妆巧妙，搭配得体，天生就是个时髦女郎！”

支招1

柏娜的个性化口红装扮引起了老公的担忧和好奇，柏娜在与老公的对话中，还显示出因为自己的特色口红妆容在商务活动中获得了谈判效益。

不同色彩的口红的确会产生不同的视觉效果，比如，红色系中的粉红色容易获得年轻男子和孩子的青睐，而金色和大红色唇膏则显得性感成熟，较深、较冷或者较奇怪的口红色彩不适合在日常工作场合使用。此外，你还需要了解自己适合的化妆用色范围，尽量选择和自己唇色接近的色彩或者自然色。晚妆的场合则可以放宽口红的色彩，增添一定的华丽感。

支招2

在选择口红时除了要选好适合的色彩之外，也要注意尽量选择天然原料的，成分越简单越好，例如：凡士林、甘油、各种维生素等，不宜长期使用气味太浓、颜色过于鲜艳的，这类口红通常含有较多的化学添加剂，长期使用对健康不利。

支招3

"口红效应" 是一种有趣的经济现象，20世纪30年代美国经济大萧条时期首次提出。"口红效应"经济理论源自西方对某些消费现象的描述，每当经济不景气时，人们的消费就会转向购买小巧廉价商品，而口红兼具廉价和粉饰的作用，能给人带来心理慰藉和愉悦的感受。

柏娜的家庭有一定的经济压力，柏娜通过小巧的口红来让自己变换形象细节，尤其是当不同色彩的口红在各种场合带给她不同修饰效果，甚至为柏娜带来商务效益时，"口红效应"在柏娜的个人生活和工作中发挥了更大的作用。

支招4

值得注意的是，在职场上，为了让女性更好地在性感与严肃之间找到平衡的尺度，严谨的职业形象是必需的。英国一家金融机构女高管说："女职业人需要看上去有点女人味儿但不能穿得像个荡妇。"她强调："作为一个女白领，你通常可能是工作会议中的少数人，你要通过你讨论的观点让别人记住你，通过讨论议题的转换让别人注意你，而不是只让别人记住你口红的色彩。"

正所谓：小小口红效应非凡，吸引眼球慰藉心灵。

短发美女很可敬

岳然出差回来，未婚夫何俊开车到机场接她。岳然下飞机，一看到何俊就兴奋地冲他招手："老公，老公！"何俊四处张望，似乎只闻其声，不见其人。

何俊有点惊讶地说："然然，你怎么……怎么把这么好的长头发给剪成这么短了？"

岳然乐滋滋地说："瞧你这紧张样儿，我的头发又不是不长了，你着急什么呀！"

何俊："哎，你知道，我就喜欢你留着顺滑的长头发。我在机场出口等你，都没看出来你！"

岳然："何俊，我知道你喜欢我长发。这次出差，我碰巧认识了一个形象设计师Candy，她建议我换换发型，于是，我就剪了利落的短发。结果，无论是去拜见客户还是参加会议，都赢得了不少赞美呢！都说我留短发看上去更加精干，特别职业！"

何俊："你怎么不顾及我的感受呢！你现在甚至像个工作狂，女强人！一点都不像以前那个邻家女孩了！"

岳然："老公，那是你还没看习惯呢，我打扮打扮说不定能赛过李宇春，比

曾轶可还潮呢！"

何俊："再打扮那不还是短头发假小子耶。算了，也不逼着你留长发了，你得给我点时间，让我强迫自己对长发产生审美疲劳，对短发慢慢情有独钟吧！"

支招1

岳然与何俊的对话，反映了发型变化在职场和生活中所带给人的不同感受。岳然以前长发飘飘的发型，在生活中深受未婚夫的青睐，在工作中也符合总经理秘书岗位的形象特点。当岳然升职为客户部经理后，虽然也可以继续留长发，但是，剪成短发能使她显得比以前更加干练，增加职业感和权威感，从而更贴近经理工作角色的形象。

支招2

在个人生活中，长发和短发就如同萝卜白菜各有所爱一样，是一种依照喜好自由选择的事。同时，切记在选择发型时，还应该根据自己的脸型和体征来选择适合个人形象的发型，这样才会更容易塑造得体的形象。在职场中，短发固然干练，长发也依然能打造出很好的职业形象来，比如：规整质感的中长发，利落的盘发以及充满活力的马尾头等，关键在于要扬长避短，结合职场岗位职务的诉求来调整出得体和谐的形象来！

正所谓：长发变短发老公心不甘，职业又干练工作却加分。

头发长见识不短

袁强在一次环境艺术展会上，意外碰上了已经分手两年多的女朋友白玲，两人再度重逢，都感觉对方有了新面貌。

白玲："袁强，真没想到你现在留长头发了，好像一个前卫艺术家呀！"

袁强："是吗？以前老听你念叨最崇拜那种留长发的帅哥，还老怪我没有艺术气质呢！"

白玲："对，长发美男是我的偶像呢，以前你总是留着短短的板寸头。"

袁强："你知道，我那时还是网络管理员，就喜欢简单利落的装束；这两年，我连女朋友都没找，光忙着改行进修呢。我考取了环艺设计师的国际资格证，瞧，我的长头发都留到齐肩了，这下有艺术气质吧？不过，白玲，你却把以前的长发剪成这么短了。"

白玲诡秘一笑说："头发长见识短嘛！"

袁强："什么？难道你现在又改喜欢板寸男了？看来我总是不赶趟啊！"

白玲羞涩地说："人家跟你开个玩笑嘛，那倒没有，依然喜欢长发帅哥！你现在不仅头发长了，见识也长了！"

一次偶然的重逢，让这两个昔日的恋人又和好如初了！

支招1

袁强的小故事体现了发型长短变化对人的气质影响。“头发长见识短”用来形容女性头发很长，但因很少出门，所以被认为见识短浅。这是一种古代文化积淀出的短语，沿用到今天，往往用于蔑视女性的说法。现今，对男性的长发则没有任何见识短的说法。

支招2

袁强由IT男的板寸头改变为环艺设计师的披肩长发，实际上是伴随着职业性质的转变，在个人风格上也由自然休闲变换为戏剧革新，让袁强由内而外地增添了艺术气质。更令人感到巧合的是，职业的改变促成了袁强发型风格的改变，发型改变后的巧遇又促成了他个人生活的改变，袁强不仅形象朝戏剧化的造型转变，同时，与前女友白玲的偶遇，也戏剧化地促成了昔日恋人的重归于好。

正所谓：头发长短与见识无关，长短皆宜唯风格百变。

都是刘海儿惹的祸

席敏是一家银行CBD网点的柜员。一天，她原本约男朋友李锋下班后去看电影，可到了快下班时，席敏却突然打电话给李锋，临时取消了晚上的约会。

席敏："李锋，我们今天不能去看电影了，我得去理发。"

李锋："怎么忽然改主意又去理发了，不是说好了一起去看电影的吗？"

席敏："告诉你个不好的消息吧，我今天被单位罚款了。"

李锋："到底是怎么回事儿呀？"

席敏："你还老说我留长刘海儿显得性感朦胧呢，这次就是因为我的长刘海儿惹的祸。我们分行人力资源部派人来检查仪容仪表，我被抽查到上岗发型不合格。罚款从这月工资里扣呢。"

李锋："你们银行要求这么严呢，连刘海儿长了还罚款？"

席敏："以前上岗时，银行就给我们培训过仪表规范，还下发了新核准的标准化文件呢。这不是我对头发的要求没怎么重视嘛，平时刘海儿也长，但好在我还抹点发胶让它服帖定型；可是，今天我起晚了，怕迟到，头发也没打理就上班了。我的头帘儿又长又没型，还乱蓬蓬的，正好被抽查到了不合格。"

李锋："那你今天下班就是要去剪刘海儿啦！"

席敏："当然！明天上班怎么也得让自己头发精神点，有个新面貌嘛！"

李锋："好！我下班陪你去发廊！"

支招1

在讲究规范和服务的金融行业，对一线员工的仪表要求往往非常严格，有些银行倡导女柜员以规整的短发和利落的盘发为标准发型，短发易于打理，让人显得专业，高高梳在脑后的盘发也会显得精神干练。

支招2

席敏由于刘海儿太长被单位罚款，这说明，一些金融机构一旦建立了仪表标准化规范后，就要对一线员工实行规范化的礼仪监督和管理。在发型方面，值得上班族注意的是，通常头发的刘海儿不要长到盖过了眉毛，或者过于蓬乱、厚重，否则容易让你在工作场合显得颓废邋遢，提不起精神来。

正所谓：刘海过眉显颓废，修剪有致才精神。

请用上半身工作

米琪被公司派到美国总部工作半年。工作两个月后，美国总部里唯一的一个华裔同事Joan忍不住跟她说：

“米琪，你知道吗，你来总部工作的这段时间，同事们对你的印象还不错，觉得你温和有礼貌，性格也很好的。就是有一点，让美国同事有点费解。”

“Joan，是哪方面呀，快告诉我吧！”

“米琪，你知道，美国公司里有每天换衣服的习惯。他们看你连续两个星期每天都穿一件湖蓝色的夹克，感到有点异样，裤子和裙子你倒是经常换。他们觉得你人看起来还算整洁，但是总给他们一种好像很少换衣服的印象。”

“Joan，难道我被美国同事认为职业形象不好吗？我是很爱干净的，每天都洗澡，我总喜欢买裤子和裙子，我有40多条裙子和20多条裤子，可是，我的上衣和外衣就真的只有这么几件，所以，像现在这样的冬天，我每天换内衣，外衣就不经常换了。”

“米琪，那你就很容易被这里的同事误解了！下身的衣服不如上身的显眼啊！”

“Joan，谢谢你告诉我，看来，你说得很有道理，我的确需要改进！”

支招1

美国公司里每天换衣服的职业习惯，更促使米琪要重新科学地管理自己的个人衣橱。米琪的问题是下装与上装在数量上严重的比例失衡，值得注意的是，在职场上，无论你是坐在办公桌前还是参加工作会议，你上半身着装的注目率远远要高于你的下装，因此，你的上半身的服饰搭配就显得更加重要了。这就是为什么米琪尽管经常换下装的裙子和裤子，却仍然给同事一种不经常换衣服的印象。真正经济实惠的衣橱应该是上装的衣物要多于下装，至少要比下装更丰富些。

支招2

上班男女在着装搭配上，通常要把60%～70%的钱花在上装上，而女士有50%的钱要重点花费在精良别致的领口亮点上。因为，在职场上，无论是男士的衬衫领带，还是女士的胸前修饰，都可以非常醒目地通过离面部最近的上身区域，来展示出富有职业感的商务形象。

支招3

如果你非常喜欢购买各式各样的裙子或者鞋子，那更是锦上添花，也能够丰富你的着装搭配。但是，购置一定数量的内搭、衬衫和中性色的外衣，绝对可以让你每日的搭配更加随心所欲、游刃有余，从而，构建你每日不同的职场新面貌。

正所谓：上身装扮要讲战略，上下搭配要讲科学。

成也丝袜败也丝袜

雨晴为了面试销售助理的岗位，特意买了一套非常得体的蓝灰色套裙。面试那天，她梳着利落的短发，化了个淡妆，来到那家公司所在的楼层。雨晴在上洗手间时，感觉自己手上的戒指好像剐了一下自己的小腿，她没怎么在意，一看表发现离面试时间就差两分钟了，雨晴顾不上整妆，连忙走进那家公司。在这个时段与雨晴一同等候面试的还有二三十人，雨晴从前台那里得知，应聘这个岗位的大约有560人，公司人力资源部只从中筛选出25人面试。在轮到雨晴面试时，她觉得自己现场状态还不错，自认为准备还算充分的雨晴对自己那天的面试比较满意。

那么，面试雨晴的赵经理是如何评价她的呢?

赵经理在向上级总结面试情况时说："在面试过程中，我对雨晴的态度和口头表达能力比较满意，她的服装和发型也都很得体，但是有两点美中不足的地方，让我放弃了对她的录用，一是她在说话时牙缝里露出了绿色的菜叶；二是在她站起来道别时，我发现了她小腿的丝袜上有个很明显的破洞，让我对她的职业形象打了折扣。另外，当天面试的应届毕业生中，的确有另一位面试者在整体搭配、着装细节和礼仪上更得体，要比雨晴更加符合我们公司的要求，于是我决定录用了她。"

支招1

在当今竞争激烈的社会中，一个人的形象远比人们想象的更为重要。搭配得当的形象不一定会保证你能获得一份称心的工作，但糟糕的形象绝对会为你在职场上减分。如果你是女性，你不一定会仅仅由于穿一双光洁的丝袜而争到一个职位，但在面试时，如果你穿的丝袜有破损，就会使你失去一个职位；如果你是男性，你不一定会仅仅由于穿了搭配得当的鞋袜而争到一个职位，但是在面试时，如果你搭配正装穿一双白袜子或者领带系歪，就有可能使你失去一个职位。

支招2

丝袜既能展示职业女性的妩媚精致，表现腿部细腻光滑的质感，也能让不修边幅的你暴露不重视细节的一面。雨晴在面试当天如果能够多带上一双备用的丝袜，并且能够再提前15分钟到卫生间从头到脚地整理妆容，那么就不会出现上述遗憾的尴尬形象，从而更有机会被该公司录用。细节决定成败的道理，同样适用于你要树立的精致商务形象。

正所谓：面试着装细节多多，搭配得体亦要修整。

鞋和包的心里话

一天，鞋们和包们聚会，大家有机会说出自己的心里话。

女皮鞋：“我的主人用我太狠了，上班整天穿我，连周末加班也穿着我！”

男皮鞋：“伺候男主人就轻省呀！脚臭且不说，还总穿着白袜子配西服套装，这不糟践意大利牛皮嘛，有损我们的光辉形象！”

女休闲鞋：“你们太爱抱怨了，我的主人就很好，她穿我一天就让我休息一天，瞧！我虽然不如你们的皮子硬，可我保养得好，一直没变形。”

皮包：“鞋子再大也不如我们皮包地方大吧，我们每天都被塞得满满的，可是拉锁一坏，主人懒得修，就把我们抛弃了！”

假LV包：“我倒是麻雀一下变凤凰了，沾了国际名牌的光，不少白领美眉很喜欢我，我让她们钱也省了，面子也有了，我比你们这些包都有使用价值！”

电脑包：“你假的还敢这么忽悠！我们电脑包现在这年头才受宠呢，现在哪个上班男女不用电脑呀，不像你们这种小坤包使用率低，中看不重用！”

坤包：“你这就不懂了吧，现在上班族商务活动越来越频繁了，她们也越来越会按场合换包了。商务晚宴时，你们这种电脑包和大皮包通通都得靠边去，我们坤包可是后起之秀！”

支招 1

我写“鞋和包”的寓言故事，意在影射人与服饰的密切关系，让上班男女更加懂得科学使用和搭配鞋、包，让服饰在职场上帮你应对各种不同的场合需要。鞋和包是为人服务的，请善待它们哟！

支招 2

穿没有鞋带的中高跟皮鞋可以让女白领步履坚定从容，展现一种职业女性的

干练气质；相比之下，穿跟太高的皮鞋的美眉则要注意不要显得步态不稳，喜欢穿平跟鞋的美眉则要避免显得步态拖拉。

支招 3

男士在正式场合以穿系带的黑色正装皮鞋为宜。穿正装皮鞋，千万不能穿运动袜，而要穿羊毛袜或丝袜。袜子的颜色以黑色、深灰色为佳，忌讳浅色，更不能穿白色袜子。

支招 4

穿鞋子和我们穿衣服一样，最好隔一天停穿一双鞋子，这样可以让鞋子得以恢复形状，保持良好的品质，连续多天穿一双鞋子不利于鞋的保养和穿着寿命。

支招 5

皮包是大多数文职上班族，在各种场合中都不可缺少的饰物，它既有装饰价值，又有实用价值。材质及工艺上乘的皮包能够充分体现出上班族的职业、身份、社会地位及审美情趣，是律师、公务员、金融人士、教师等文职人员常用的搭配。上班族要注意皮包的款式、色彩与服装的协调呼应。

正所谓：鞋包对话各显千秋，服饰巧搭才添风采。

释放限量版女人味

先认识一下这三位职场OL吧。

市场部经理郝爽33岁，外表酷似少年，梳着超短发，穿着立领直线条的时尚夹克，处事雷厉风行，工作中效率非凡。

市场部主管林静28岁，外表淑女，梳着中长直发，经常穿着有荷叶边装饰的衬衫和雪纺的裙子搭配小西服外衣，谈吐温婉，工作很有亲和力。

市场部助理田萌24岁，梳着日韩风格的俏丽卷发，喜欢时尚个性的服饰搭配，工作努力，有热情。

这三个职场OL是一个文化公司市场部门的“金三角”。

一天，连续加班三天的田萌突然接到男友的分手电话，再也抑制不住忧伤，在楼道里哭出声来，这一切恰巧被从外面赶回公司的主管林静和经理郝爽看到了……

连续两天，田萌上班都无精打采。主管林静很体谅她，经理郝爽却打电话给她，要请她一起吃晚饭。

田萌心里就更不安了，难道经理要开始教训我了？

晚上，经理郝爽穿着灰蓝色短夹克，系着一款柔粉色的长丝巾，让田萌头一次感受到了经理的亲和力和女人味。

郝爽和田萌谈心，嘘寒问暖，还把自己以前谈恋爱的经历与田萌分享，鼓励田萌尽快振作起来，积极地进取，快乐地生活！

田萌终于放松下来，她高兴地发现，原来在她眼里，这个外表缺乏女人味的经理，内心其实还是蛮细腻体贴的！

支招1

从职场知性女人味的角度来看这“金三角”中的三个职场女白领，你会发现，林静是典型的具备内外统一的女人味类型；田萌是外柔内刚的青春知性女人味类型，而郝爽则是外刚内柔的内在女人味类型。

值得注意的是，内在型女人味，是一种隐性的女人味，多见于有霸气感的职场高层女白领，个别职场女高管由于工作任务繁重，自身外表又过于硬朗，即使内涵有细腻的女人味，也经常容易被人误解。这种内在女人味型职场女性应该从个人形象上下工夫，在细节上增加体现女人味的搭配元素，通过形象细节来表达内在已具备的女人味。

支招2

在生活中，不同的人对“女人味”这个词的理解是不同的。“女人味”通常是一种说不清道不明并且很难统一衡量的概念，但是在职业生涯中，女性需要彰显的是一种限量版的健康向上的“知性女人味”！

“知性女人味”也有多种类型。比如：有的职业女性外表和个性都属于温婉型，那么她们在工作中的形象也是优雅温和的；有的职业女性外表非常女性化，但内心非常刚强执著，那么她们的职场形象是外柔内刚的；还有的职业女性外表

显得有点男性化，但是内心很细腻，在细节上彰显内涵的女人味，那么她们的职场形象是外刚内柔的……

支招3

不同年龄段的职场女性有着不同特色的“知性女人味”。二十来岁的职业女性有着青春活力的“知性女人味”；三十来岁的职业女性有着挥洒自如的“知性女人味”；四十来岁的职业女性有着睿智成熟的“知性女人味”；五十来岁的职业女性有着淡定从容的“知性女人味”。

职场的“知性女人味”更多的来自于内心深处，是由内而外散发的一种自然的职业女性气质，这种气质可以用温婉、优雅、细腻、亲和、灵秀、热情、时尚、前卫、智慧等众多的女性特质形容词来表达。

正所谓：女人味儿纵有千姿百态，适度挥洒才能称道职场。

告别窝囊男人装

周末，小楠告诉老公朝峰一个好消息！

小楠：“老公，下周一晚我们公司举办答谢酒会，可以带家属出席，到时你得西服革履，给我露脸啊！”

朝峰："我就一套西服！"

小楠："不行，你现在已经发福了，瞧你的啤酒肚，还是再买套新的吧！"

朝峰："小楠，我觉得真没必要，我穿太正式了浑身不自在，西服一年穿不上一次，买了也得压箱底儿。"

小楠："好，这次就不强迫你了！"

晚宴结束后，一到家，小楠就赌气把包拽到了沙发上。

朝峰："怎么啦？你一到家就气急败坏的！"

小楠："你穿那不合体的西服就算啦，居然还穿你那双白色运动袜！看你一下来还露出那白花花的脚脖子，我就气不打一处来！我们好几个同事都发现了，两个女同事还跟我说，怎么让你老公穿白袜子就来了。"

朝峰："穿白袜子怎么啦？"

小楠："皮鞋配深色袜子是最基本的常识！"

朝峰："那我以前看迈克尔·杰克逊有一次唱歌，还穿黑西装配白袜子呢，也不难看呀！"

小楠："那是舞台需要，正式场合皮鞋不能配白袜子可是最基本的着装礼仪，你真土！"

朝峰："这次都是我不好！"

小楠："你瞧我们同事周彤的老公，西装都是量身定做的，多有范儿呀，你也上高级定制的店里做一套像样的吧！"

朝峰：“好，接受老婆全方位指导啊！”

支招1

生活中的确有很多像朝峰这样不喜欢，或者认为自己不需要穿西装的男士，关键是要视场合而定，即使你平时上班不需要穿西装，那么在正式的晚宴酒会等场合也需要穿正装。因此，在男士的衣橱里，西服套装和休闲运动装一样都是必备的场合服装，只是根据上班男士的工作和生活方式来调整相应的数量比例即可。

支招2

穿西装要求袜子跟皮鞋最好是一个颜色，绝对不能是白色。通常在很多国家深色西装是正装，黑色皮鞋是基本要求。

作为职场男士，无论你的生活和工作多么崇尚休闲，在这个商务社会里，你都需要有几套合体的西装。当你有驼背、高低肩、啤酒肚等身材不足时，再穿了不合体的西装，就容易出现鼓包丛生、袖臂拘谨、前挺后撅等邋遢形象。这时，就需要量身定做来修饰体形的不足，达到真正的扬长避短。

正所谓：不爱穿西装的男士总想着装自在，职场商务范儿要讲究服饰礼仪。

开会给你点颜色看

李思最近结识了一位新男友，穿衣风格来了一个180度的大转变，购置了不少粉嫩型服饰。

一天，李思召开部门会议。她穿了一身桃粉色的套裙，面料柔软轻薄，从领口、上衣底边到裙子表面和裙摆全都装饰着柔软的荷叶边，就连吊带背心上也镶嵌着纱质的蕾丝花边。

会上，李思总感觉有些部门经理有点心不在焉。

秘书小夏汇报工作时，向李思透露了很多反馈信息。

小夏：“李总，有些经理说没有听清楚您的任务内容……嗯，说您最近的打扮有点嫩，导致开会时精神不容易集中；有的觉得您似乎也不那么严厉了。”

李思意识到自己遭遇了着装难题。

晚上李思和男友卢涛见面，就问：“卢涛，你说我这身打扮怎么样？”

“李思，你穿这身的确很美，我喜欢！但依我看，作为领导还是庄重点硬朗点好，可能会让下属更容易听你的。我也不太懂，直觉是这个理啊！”

“亲爱的，你说得有道理！”

在下一次开工作会议时，李思穿了件银灰色的轮廓分明的西装，里面穿的黑色内搭，只是在局部有几个小亮点做装饰。她把妩媚的长卷发利落地盘起，精神雀跃地作了总结性发言，还适时地用手势对自己说的话加以强调，看上去比以前

开会时还要显得干练权威。

会后，反馈信息良好，下属对下达的工作任务再也不敢怠慢了。

支招1

做高管的职业女性在需要表现领导和管理能力的场合，一定注意自己的个人形象，尤其在需要布置任务的会议上，更应该树立权威。当李思穿着粉嫩的、布满了荷叶边和蕾丝的套裙主持工作会议时，给下属一种女人味儿有余但权威感不足的印象，而当她穿着简洁的以直线款式为主、有局部装饰的服装时，则给下属一种有管理力度的领导者印象，从而也更容易重视她的发言和她所布置的工作。

支招2

领导者要想成功地树立有力度的职业形象，具体还要结合自身的个人形象特征，比如：通常穿深色的职业款式西装更容易让你显得权威些。但是，如果经过测试，发现自身的色彩规律偏偏更适合穿浅色的衣服时，你则可以选择中性色中色彩比较浅的，比如：浅灰、浅蓝、白色，等等，只要款式造型显得硬朗，果断的直线占了一定比例，仍然可以塑造出干练清新的领导风格。

正所谓：女高管粉嫩现身会议中，要权威还须彰显干练风。

PART 6
玩转风格你就精彩

想优雅，慢半拍

在一次派对上，郝刚对田萌一见钟情，田萌对郝刚也很有好感。

郝刚希望田萌能做他的女朋友。一天傍晚，他约田萌在公司附近共进晚餐，田萌穿着简洁裤装前来赴约。

郝刚："田萌，你今天完全是另一种风格！"

田萌："呵呵，我是做市场的，刚从外面拜访完客户赶回来，还真够饿的，我们点菜吧！"

郝刚："好，那赶紧点菜，先喝点儿橙汁吧！"

话音未落，田萌就咕咚咕咚地快速喝完了那杯橙汁。

郝刚有点吃惊地望着田萌，体谅地说："看来你真是渴了。"

这时，菜也上来了。郝刚很绅士地伸手示意请田萌开始用餐，田萌爽快地拿起筷子夹了一块红烧肉，大口地嚼着。

郝刚：“田萌，你上次给我的印象挺优雅的，这次看上去是快人快语，很爽快呀！”

田萌：“哈哈！上次才说了几句话呀。我从小就喜欢运动，学武术散打，后来还练过跆拳道，都到黑带了，没看出来吧？”

郝刚：“其实你长得眉清目秀，第一印象你显得特雅致，要是动作再慢点，一定看起来特优雅。”

田萌：“这倒是，我的长相容易给人错觉，我也希望自己再女人点，变优雅点呢。就是有时候控制不住自己，不注意细节。”

郝刚：“呵！你这样也蛮可爱的，可以慢慢改变嘛，以后你再喝橙汁儿我给你掐表啊，不到半小时不许喝完呀！”

田萌：“好！我要蜕变成优雅美女！”

支招 1

要做一个优雅的美眉，一定要注意细节上的修炼。在平时的行为举止中，要让自己的动作慢半拍，保持别致和舒缓的仪态。比如，走路时，挺直腰身，小步前行；喝饮料时，可以少量入口，节奏缓慢些；进餐时，注意把食物分成小块，徐徐品嚼等。这些都是让你逐渐养成优雅习惯的绝妙细节。

支招 2

要做一个优雅的美眉，内外兼修非常重要。如果你内心很希望自己成为优雅的职业女性，那么除了在行为举止上让自己从容雅致起来以外，还应该多充电，多读书，从心灵上塑造自己的优雅气质。但是，也要知道，人的风格是千姿百态的，不只优雅是一种好风格，如果你的个性和气质离优雅较远，那么你同样也可以把属于自己的独特风格发挥得淋漓尽致。

正所谓：优雅全在细节，修养都在自身。

想干练，短直快

宋迪从旅游学院毕业后，在旅行社当上了国内团导游。

一次，宋迪接待一个北戴河的旅游团，团中一个急性子的男客户冲着她大声嚷嚷，投诉她办事效率低。

第二天，领队老周就打电话安慰宋迪。

老周：“宋迪，那个男游客说的话你别太介意啊，总的来说，我们的合作还算顺利的。”

宋迪：“老周，谢谢你的关心！不过我很想知道游客对我的真实评价！”

老周：“都是细节问题。比如：游客反映你说话慢条斯理，处理事情拖拖拉拉，穿着像办公室的文员。”

宋迪：“是吗？我带团那几天穿的是挺波西米亚的，头发长，裙子也长，松松垮垮的。”

老周：“这些商务旅游团游客是出来旅游度假的，不希望由于导游的拖沓而耽误了他们自己的时间。”

宋迪：“我明白了，这次上团对我的启发很大，看来，我的工作还是得改进！”

事后，宋迪重温了导游人员的岗位要求和服务技巧，还看了很多时尚杂志，从中选出了几款适合自己的利落搭配，作为自己下次带团着装的参考。

接待下一个团时，宋迪扎了一个高高的短马尾，白色的吊带背心外面穿了一件短款小立领的开衫夹克，下身配了一条利落的七分裤和牛筋底休闲皮鞋。

这个团的旅客都是来自南方的商务人士，宋迪这次特别注意让自己的谈吐简练明了，行动也比以前敏捷了许多。

下团后，宋迪向老周询问了这个团的反馈意见。

老周：“宋迪，这次反映不错呀！这个团对你评价很高，有几个游客还夸你很精干呢！”

支招1

要想在职场上树立干练的工作形象，就要尽量做到短、直、快。

短，是指在你的外表上增加一点短款的造型元素，比如：短发、梳高或盘起的长发，短款的上衣和下装等。短的元素还包括你谈吐的简短明了等。直，是指在你的服装款式中可以适当增加一些直线条的轮廓，另外，你在说话时，也不要拐弯抹角，尽可能直率地把内容表述清楚；快，主要是指你的行动要快些，这样，可以显得工作效率高，让你看上去很干练很高效。

支招2

当然，如果具体到每个上班族的职场形象，还需要根据个人的形象特征和你所处的行业和岗位特性来加以诊断。倘若你的外表本身就很柔和很曲线，不太适合棱角、直线式的装扮，再结合你的工作性质需求，如果你仍想给人留下干练的工作印象，则可以少量比例的增加短、直、快的元素，从而不破坏你个人整体形象的和谐。

正所谓：干练就要短直快，行业个性两相宜！

想权威，深厚重

大刘在一家公司做董事长的司机兼后勤，一天，大刘出差回到家，乐不可支地向老婆小丽聊起了他随夏总出差的趣事儿。

大刘："小丽，瞧我这次出差可是老板级待遇呀！你信不信？"

小丽："美的你！"

大刘："你知道，这次我跟夏总到外地拜访新客户。我们一下飞机，看到对方公司的接机牌就招手示意，但是，对方公司的人却殷勤地径直向我走了过来，前呼后拥地帮我拿行李，把我当成了董事长，怠慢了夏总，后来听那个接机的哥们说，他把夏总当成我的助理了。"

小丽："你人高马大的，又白又胖，倒是能冒充老板。又让你得意一把！"

大刘："我也为我们夏总觉得可惜，你说他都30多了，满腹经纶，要学历有高学历，要本事有强本事，就是个子矮，人又瘦，长着一副圆圆的娃娃脸，老被人误以为年纪小、经验少，尤其是那些初次见面的客户经常不重视他的存在。"

小丽："哪像你似的，肥头大耳，膀大腰圆，还穿着厚厚的黑呢子大衣，目标太大！”

大刘：“你别说，我这派头倒是经常能过把老板瘾，估计夏总也为这事儿挺烦恼的！”

小丽：“那可不一定，人家这样不也是乐在其中吗？长得越不像老板，没准儿更容易戏剧化地被人记住呢。”

支招1

大刘的老板夏总由于长着一副娃娃圆脸，以及身高体态等原因，造成形象显得稚嫩，缺乏权威感。夏总应该注意发型的修饰，学生气的小平头容易显得脸更圆，要尽量在头顶增加发量，让头顶有层次感，这样可以拉长脸型。在着装上，最好穿一整套的深色西服套装，领带的图案应该避免曲线的圆点，或者水滴等显得稚气的元素，可以选择单色的、直线或者斜线的图案，来增加成熟的职业感。

支招2

大刘经常被误认为是老板，是因为他具有大、厚、重的外表特征。但是权威感并不是身材高大者的专利，这与每个人不同的存在感有关。身材小巧的人依然可以通过装饰个别较大的饰品来显示权威感，比如，大一点的戒指。厚和重强调

的是分量感，比如：深色或者浓重的色调要比过于浅淡柔和的色调显得权威；此外，厚重的面料也会比轻薄的细纱显得权威些。

正所谓：树立权威不简单，厚重穿着有分量。

想严谨，多对称

研究生毕业的宜馨正在找工作，一个师兄给她介绍了一家投资顾问公司。

面试那天，宜馨梳着时尚的不对称短发，戴着椭圆的垂坠耳环，身穿前短后长的连身裙，搭配及膝棉袜和牛筋鞋。

面试官先让她用半小时的时间完成了一部分笔试内容，然后口试一些专业技能，宜馨应对自如，自我感觉良好。

第二天，宜馨打电话向那位师兄询问面试结果。

师兄："宜馨，刚我问过了，你没有被录用。"

宜馨："是吗？可我觉得我那天发挥得不错呀！"

师兄："他们认为你的技能基本通过了，但对你的形象有些质疑。"

宜馨："什么？我的形象有什么问题吗？我那天还特意买了新耳环，换了新袜子呢！"

师兄："你啊，上学时就有点马大哈，瞧，这次面试吃亏了吧！"

宜馨："难道真是因为我没扎耳朵眼，戴的是夹式的耳环？另外，因为害怕迟到，我就匆忙换上袜子，没想到面试后才发现自己穿了一只新的，一只旧的，两双袜子的颜色还不一样……我想面试官不会看这么细吧？不会真是因为这点小事就没录用我吧？”

师兄：“这可不是小事呀！人家面试经理说你的头发一边长一边短，耳环只戴一个，袜子还是一样一只的，看上去没有条理，很不严谨，认为你做投资咨询顾问，容易缺乏说服力。”

宜馨：“师兄，都怪我自己太不严谨了，穿着也没规矩，看来以后面试前我得好好打理自己的形象啦！”

支招 1

荷兰国际集团一位人力资源负责人曾说：如果应聘者技能出众，她可以原谅其简历中出现的一个错字，但若是其衣着不整或形象懒散则会立刻被拒绝录用。

宜馨面试投资咨询顾问，虽然从技能考核上过关了，但是，由于宜馨穿着上的疏忽大意，让自己的服饰搭配变得异常不对称，从而给面试官留下了不严谨、不职业的印象，只好被淘汰出局了。

支招2

像金融、财务、政法、医疗、卫生、教育等需要极度彰显严谨风范的行业和岗位，宜采用对称规整一些的服饰搭配，比如，规整的发型，对称的领型和服饰款式造型等，都可以为你的职业严谨度加分。

倘若你身处时尚行业，那么则可以适当让自己的服饰增加一些不对称的、有特色的点缀。

正所谓：粗心职场失机会，用心着装增亮点。

想踏实，用格子

吕征做网管已经半年了。一次，公司组织员工到度假村联欢，吕征和人力资源部的崔经理同住一个房间。一起去游泳时，崔经理惊讶地发现了吕征胸前和臂上的文身。

崔经理：“吕征，我面试你进公司时，觉得你看上去很踏实的样子，想不到你这么前卫，还文身呀！”

吕征：“呵呵，老崔，我上大学时就喜欢前卫艺术，那年我去文身，回家还被我爸给狠狠骂了一顿呢！”

崔经理："其实，面试那天，我要是看到了你的文身，也不一定录用你呢！"

吕征："可我那天怕穿白衬衫透出我的文身，就穿了一件中规中矩的蓝格子衬衫。"

崔经理："是啊！你那天是穿着蓝色格子衬衫，看上去挺踏实挺稳重的。你知道，在咱们公司做网络管理不容易，哪个部门这方面有问题都要找你解决，所以我就要招一个有耐心、踏实肯干的网管。"

吕征："老崔，老实说，我的确工作也比较踏实认真，只是以前喜欢文身罢了，这半年，我表现不错吧？"

崔经理："各部门对你评价不错，好在我还没选错人啊！"

支招 1

吕征以蓝色格子衬衫的装扮，巧妙地给崔经理留下了踏实肯干的第一印象，从而获得了应聘的职位。这个故事表明，无论你的业余爱好倾向如何，但是在职场上，要想给人留下稳重踏实的职业印象，就一定要注意由内而外的形象包装和修饰。

支招2

格子图案是由竖线和横线组合而成的，竖线条具有坚实挺拔的风格，横线条具有稳定平和的感觉，因此，格子图案中规中矩，给人以踏实耐劳的坚韧感。蓝色又是理性的色彩，这样一来，容易给用人单位留下既理性又吃苦耐劳的好印象。

但如果你是从事要求创意性强、头脑灵活、公关社交力强的岗位，则要慎重穿着过于中规中矩的格子图案，应该注意结合服装的款式和面料的质地等元素，适当增加服饰的时尚感和创意感，以满足不同行业的职业化个性需求。

正所谓：职场服饰不寻常，色彩风格总相宜。

想尖锐，有对比

法律研究生毕业的郑莲分别接到两家律师事务所的面试通知。

郑莲外表大气，浓眉大眼，眼睛黑白分明，目光很有神。到第一家律师事务所面试那天，她穿了一件米驼色的衣裤，上衣上还有米色的荷叶边，看上去淡雅柔和。

到第二家事务所面试那天，郑莲穿了一身时尚的藏蓝色套裙，搭配纯白色的尖领衬衫，蓝白分明，看上去爽朗精干。

同样是应聘律师的岗位，第一家事务所杳无音信，而第二家则很快录用了郑莲。

事后，郑莲和男友达林聊起自己这两次面试的经历。

郑莲："回想起这两次面试的过程，发现其实面试的岗位和内容要求都差不多，只是我这两次穿的衣服不同罢了。第一次面试穿的那身米色衣服是你很喜欢我穿的，看来还是那身蓝白搭配的衣服更适合我上班耶！"

达林："是呀，我当然喜欢你平时看上去乖一点，温和一点嘛！可是你当律师可就另当别论了！"

支招 1

郑莲到律师事务所面试，从行业特点来看，穿对比分明一些的更能彰显干练、严谨的工作作风，而没有对比度的柔和服饰则显得温婉有余却力度不足，不太适合需要凌厉果断的法律事务工作。

支招 2

从郑莲的个人形象特征来看，她的眼睛黑白分明，浓眉大眼，属于面部有

对比度的类型；相应的在着装方面，也需要搭配高对比度的服饰，才能显得光彩照人。比如，她参加第二次面试的那身蓝白对比的搭配，就让她显得更加精神焕发。因此，有对比度的搭配既有助于郑莲达到个人整体形象的和谐，同时也符合法务工作的职业化需求。

正所谓：行业亦有秉性，穿着因人而异。

想时尚，可混搭

羽霄从保险公司辞职后，到一家广告公司做市场公关工作。

一天，羽霄和做时装编辑的闺密楚玲一起逛街买衣服。

羽霄：“楚玲，你快帮我挑几件时尚点的衣服吧！我以前一直穿八股的职业套装，可到现在这家公司工作，才发现好多美眉也没穿那么正式的职业装，看上去却很入时呀！”

楚玲：“好啊！这可是我的强项，我的工作整天接触的就是各种服饰信息，渐渐地都熏出灵感了，我今天就给你挑一身，保你上班人人夸！”

羽霄：“那就看你的了！”

楚玲：“来，试试这款立体剪裁的裙子，有很好的修身效果。”

羽霄对着镜子试过后，发现果然效果不错，立刻买下。

当她们逛到另一个专卖店时，楚玲又给羽霄挑了一件肩部堆叠皱褶的韩版小西装，和一条显腰身的宽腰带。

楚玲得意地说：“你明天就穿这身上班，再搭配上你那双麂皮短靴和白色短袜，绝对俏皮精彩！”

第二天上班，羽霄按照楚玲给她的建议，一改以往单调的穿着，尝试起了混搭，宽腰带的加入也让她的身形显得更加凹凸有致。

广告公司的同事纷纷称赞她今天特别漂亮时尚！

支招 1

混搭绝不意味着可以毫无章法地胡穿乱配。混搭的关键是通过叠穿的方式穿出层次，搭配出服饰的节奏感来。不拘泥于一般职业装的俗套，搭配上也少了很多条条框框，让身上的装束显得多元化，不同风格的简洁混搭能传达出与众不同的时尚感。

支招 2

职业装有时容易给人中规中矩、波澜不兴的印象，混搭往往能快速地提升你的时尚指数。但是，上班族在混搭时一定要考虑行业和岗位的特性，依据不同的工作性质和环境来决定，比如法务、金融等严肃行业，就不宜穿着混搭的

服饰上岗。另外，如果你的个人风格倾向于传统的古典考究型，那么，你也无需去追赶潮流，只需在服饰上点缀时尚元素即可，还应该继续保持简洁干练的职场着装共性。

支招 3

当灰、黑、蓝等传统的中性色彩职业装让人感觉无比单调的时候，时尚行业的职业人可以启用一些大胆的色彩，比如：水蓝、鹅黄、粉红、艳橙等亮丽的色彩与中性色进行混搭。在中规中矩不花哨的职业装扮基调里，灵活运用混搭的穿衣哲学，将单品变化出多种不同的穿法，加上配饰的画龙点睛效果，完全可以展现出符合工作特质的个性装扮来，就算是朴实简洁的混搭，也能穿出流行感来。

正所谓：多元素的混搭，引领职场时尚。

PART 7
玩转礼仪你就灿烂

皮笑肉也要笑

培训经理赵臣随董事长薛总到日本东京出差。一次，拜访完客户，他们到东京的一家大型百货公司里买东西。

商场的货品高档，琳琅满目，令人应接不暇。

赵臣给上小学的女儿选了一个多功能文具盒，正准备到收银台付账时，只见一个身穿灰色套裙、留着蘑菇短发的女营业员，连忙伴着赵臣的步伐，一边殷勤地拿出包装纸给文具盒做了包装，一边露出深切又灿烂的微笑，这微笑是如此的亲和雀跃，洋溢着发自内心的兴奋与真诚！

赵臣马上把这种愉快的购物体验和薛总分享。

赵臣："薛总，那位营业员真诚无比的笑容让我感触很深，那是一种由内到外的自然流露！我打算将这种微笑在我们公司营业大厅推广，对我们的员工进行微笑培训。"

薛总：“嗯，那你打算如何培训他们呢？”

赵臣：“我准备给每个员工发一根冰棍，让他们咬住后对着镜子反复练习微笑，至少要露出6颗牙齿才算到位。”

薛总：“治标不一定治本，你应该从心理入手，激发员工的工作热情和爱岗积极性。”

赵臣点点头说：“对！应该开展内外结合的培训，让我们营业大厅的员工打开心扉，更加热爱自己的工作岗位，这样，才能促成他们发自内心的微笑服务。”

薛总：“好！我支持！”

支招1

真诚的笑脸是众多成功职场人的典型形象。原因是，当你发自内心地去善待周围的客户、同事时，你脸上的笑容就会洋溢着友善与诚恳。而这种笑容能感染你周围的人，让他们也感到愉悦。这样的你，一定会成为职场上很受欢迎的人。

在商务交往中，对已相识的客户微笑，可以表示你的诚意；对素不相识的客户微笑，可以表示你的亲和；对曾冒犯过你的人微笑，可以表示你的宽容。当尴尬场合出现时，微笑可以冲淡紧张的气氛，让事态获得转机，从而把握住交际的主动权。

支招2

微笑有时可以代替语言。职业化的微笑需要学习和训练，应避免流于形式上的表情伪装。训练出来的微笑，如果只是皮笑肉不笑，像一副扑克牌脸谱，那么一定不能打动任何人。最具感染力的笑容，一定是发自内心、源于心灵深处的。真实而又真诚的微笑，可以净化人们的心灵，为交往中的双赢架起一道和谐的彩虹。

正所谓：职场冷酷如冰，微笑暖意如春。

嘴说yes，心说no

高颖下班回到家，一脸的不高兴。老公胡超就询问原因。

高颖："我那个下属米娜，以前对我总是奉承不断，现在换了部门，态度发生180度的大转弯，爱搭不理的，态度冷淡。"

胡超："是不是你太敏感啦？"

高颖："不是。让我更生气的是，她现在的上司和我有点矛盾，米娜在我和她的新上司发生争执时，向新上司谄媚，居然毫不留情地攻击我！我过去一直对她爱护培养，现在她这样，能不让我伤心生气吗？"

胡超："理解你的心情，你觉得米娜以前对你口是心非？"

高颖："那当然！以前我很爱听她对我的夸耀和赞美，还觉得她是我的铁杆

下属呢，可她现在对我的态度，让我觉得这个人以前对我说的好听话都不是真心的，只为讨好上司而已。”

胡超：“别人对你怎样你是不能把握的，不要往心里去嘛！”

高颖：“老公，你是了解我的，平时，你一天不夸我，我就得逼着你夸我。也怪我自己，谁让我就爱听人家说好听的呢！”

胡超：“亲爱的，难道今天太阳打西边出来了？你可是难得做一次自我批评啊！”

支招1

高颖的遭遇职场上经常发生。有些人善于迎合领导爱听好听话的心理，于是经常会“嘴说Yes心说No”，以奉承的方式来达到自己实用主义的目的，从而让一时分辨不清真伪的上司，无法适应那种心口不一之人所表现出来的见风使舵般的态度转变。

支招2

心口不一，如果出现在下属对待上级，那么做上司的面对各种夸耀赞美之词就要尽量保持头脑冷静，在高兴之余也要善于分辨真伪；做下属的对上司的适当称赞与配合是无可厚非的，但是如果过于奉承谄媚，则容易被心明眼亮的理智型上司识破你的不良动机。

另外，像米娜这样面临上司的更换，无论新旧上司的关系如何，也应该讲究一下办公室的同事礼仪，对原来的上级应该保持尊重和友好，倘若总以势利之心去对待上下级关系，那么长此以往，终究不能在职场上获得好的口碑。

支招3

心口不一，也经常会出现在对待客户的态度方面，比如，有些上班族为了避免得罪客户或者失去业务，即使自己心里已经对某客户反感至极，也会“嘴说Yes心说No”，当面忍耐逢迎。虽然不排除某些令人棘手的客户让你只能暂时压抑自我好话以对，但是如果你的客户本身并没有什么问题，那么你那口是心非的言行举止，也会让客户感到不真诚不真实。

正所谓：口是心非不可取，待人一颗真诚心。

耳朵和嘴你重用谁

在年终总结大会上，耳朵和嘴都想获得主人的奖励和重用。

嘴：“这一年，我最勤快，功劳最大！再没有比我更全方位复合型的了。我

会赞美、会批评、会说重点、会自嘲、会说题外话、说口头禅、讲善意的谎言，还会传小道消息、吹牛皮、开玩笑，最让主人离不开我的是，没有我他就无法吃喝，总之，口才的十八般武艺我样样皆通！"

耳朵："一个好的听众，总比没完没了唠叨能赢得好感。倾听是一门艺术，用心听才能领会事物的本质。这就是为什么人有两个耳朵，却只有一张嘴，这充分体现了我们耳朵存在的价值。"

嘴不服气地说："你们耳朵整天懒得连动都不动，养尊处优，还想居功领赏，我一个比你们两个干的活都多！"

正当耳朵和嘴激烈争论时，他们的主人作了总结性发言：

"你们的述职报告我都听了，你们俩不是一个部门，各司其职不要争，嘴这一年来不仅帮我获取营养，吃出健康，还用口才表达我的意愿，征服了不少听众，市场营销大奖我授予嘴；耳朵这一年作为我大脑必不可少的信息渠道，让我兼听则明，去伪存真，越来越受人欢迎！信息研发大奖我授予耳朵！"

主人的奖励，让耳朵和嘴都很满足，他们也不再争了。

支招1

耳朵和嘴你重用谁？

想让彼此有更好的互动，就应该认真聆听别人说话。聆听越多，你就会成为更好的谈话伙伴。倾听的礼仪是让人感觉到你不愿漏掉对方说的任何一个字。成功者具有极佳的倾听能力，善于倾听对方话中的真正涵义。

嘴用语言来让你与别人很好的沟通。谈话是吸引别人注意与提升好感度的重要指标。健谈者会表现出很好的素质，包括机智灵活，才思敏捷，精力集中等。有魅力的人，善于运用简洁诚恳的语言与人交流，一开口总能引人入胜，使人乐于倾听。

支招2

耳朵和嘴都是人不可缺少的重要器官，好比职场上各个部门虽然各司其职，但却都对机构的运转起到重要的作用。市场宣传及营销部门，就好比嘴巴，为机构的传播、推广和赢利冲锋陷阵；而客服和信息研发等部门，就好比耳朵，倾听客户的反馈，全面搜集信息，去粗取精，为机构提供有价值的成果。

在职场上，有时会出现机构部门之间的互不理解与攀比纷争。比如：营销部门容易以创业绩自居，认为行政客服或研发部门没有直接为机构赢利，没有创造出实际效益；而行政客服等职能部门也经常喊冤，认为他们的工作范围广，事务繁多，虽然没有直接为机构创利，但却是运营中不可缺少的保障部门。

实际上，无论你是哪个部门的员工，都应该认识到各部门的不同职能价值。机构本身也应该依照各部门的不同工作性质，来评判和考核工作绩效。

正所谓：五官争功不可取，各有擅长不可比。

“手语”泄露你的秘密

Cathy和 Lily在写字楼楼层的洗手间里碰上了。

Lily：“Cathy，你洗手可比我认真多了，你在你们公司是做出纳的吧？”

Cathy：“不是，你是不是看我洗手时间很长？”

Lily：“是啊，我看你用洗手液反复搓洗半天，还真以为你是经常接触钱的出纳呢。”

Cathy：“是我刚才接待了一个大客户，他人高马大，胖乎乎的，和我握手非常用力不说，他的手还汗淋淋的。握手时，他用那双大汗手把我的手夹在了中间，热情地颠了好几下，弄得我的手也变得湿漉漉的，真有点接受不了。这不，赶紧到洗手间好好洗洗呢。”

Lily：“哈哈！真没想到原来你是因为握到了汗手呀！”

Cathy：“来找我们洽谈的商务客户很多，我发现不同的客户握手方式也不同。有的漫不经心，蜻蜓点水地跟我握手；有的热情似火，过度用力，差点把我的手给捏疼了。我有洁癖，让我感觉最不舒服的就是湿漉漉的汗手！”

Lily：“我是技术部门，很少跟客户接触，不过，听你一说，看来这握手也很有学问呐！”

支招 1

握手是一种交流感情、增进友谊的礼仪方式。与他人握手时，目光注视对方、微笑致意，不可心不在焉、左顾右盼，必须站立握手，顺势与对方寒暄交谈。

在商务和社交场合，难免会遇到一些不规范的握手，比如：蜻蜓点水式，双

方的手掌不接触，只接触一点手指，这样会显得不自信、不真诚。还有的握手过于用力过于粗鲁，让对方难以接受。另外，握手时，要保持手是清爽干净的，以示对他人的尊重和礼貌。

支招2

在商务场合，手的表现力不仅限于握手，还有很多手势语言可以透露人的心理活动。比如：手心向上，手掌稍向前伸，表示赞美、欢迎、诚恳等意思；手心向下，手掌向前伸，表示神秘、压抑、制止、等含义；双手握拳并交叉双臂时，则有消极、否定、防御等意味。

正所谓：握手看似简单，姿势大有讲究。

别让肢体出卖了你

宇峰是某名牌大学的研究生，平时性格内向，少言寡语。

一次，宇峰的导师王教授推荐他到一家投资公司，参加咨询顾问岗位的面试，宇峰在形象和知识上都做了充分的准备。他穿着一身蓝色西服套装，搭配白色的衬衫和灰蓝条的领带，对主考官专业方面的提问对答如流。

面试后，宇峰迫切想知道自己的面试结果，于是请王教授帮助询问一下。

王教授："宇峰，我从人力资源部的曹经理那儿得知你这次落选了，别灰心啊！"

宇峰："王教授，您能告诉我没有被录用的原因吗？"

王教授："曹经理说你在学历及专业度、衣着等方面都有一定优势，但是，你在礼仪方面有很大的不足，比如：你在回答问题时，虽然表达很流利，内容也是正确的，但他们看你始终低着头，眼睛不敢看提问的主考官，姿态有点像在背书，而且还边说话边用手拽着西装衣角。这对于一个经常要面对客户的咨询顾问来说，会显得很不礼貌，也很不成熟。因此，他们没有录用你。"

宇峰恍然大悟，原来以为自己只要专业熟练，穿得正式，就胸有成竹、势在必得了，没想到自己平时不太注意的一些细节和小动作，也对工作会有这么大的影响。

支招1

在面试时，除了专业技能和衣着搭配到位以外，面部表情与肢体语言也是你综合测评的一部分，如果你讲话时不与面试官目光交流，会给人以不自信、不成熟、不专业的印象，从而在面试过程中减分。一些不必要的小动作，也会透露出你的刻板和拘谨，为你的职业形象减分。

支招2

国际形象沟通法则中，沟通内容只占沟通的7%，而肢体语言却囊括在那55%的外表行为举止中，可见肢体语言在我们的日常沟通行为中有着潜移默化的表达张力！

如果你的姿态大方得体，潇洒自如，那么会给面试官自信职业的好印象；但如果你的肢体姿态畏首畏尾，刻板窘促，则容易给人一种自卑的、不专业的印象，从而有可能导致面试官低估了你实际的工作能力。

正所谓：能力固然重要，但举止不可小视！

介绍谁也别介绍错

工作不到一年的周彤和市场主管小陈去参加一个商务会议，竟然遇到德高望重的行业泰斗蒋会长，连忙上去打招呼。

蒋会长和小陈寒暄了几句，这时，小陈介绍说："周彤啊，这是咱们行业的泰斗蒋会长。"

只见蒋会长迟疑了片刻，脸上露出尴尬的笑容。

小陈没发觉有什么不妥，滔滔不绝地向周彤介绍起蒋会长在业内的业绩来。

周彤：“蒋会长，我是周彤，刚入行，是小陈的同事，以后希望您多指教！”

在回公司的路上，周彤对小陈说：“你把我介绍给蒋会长时，我发现蒋会长不太高兴，表情很尴尬呀！”

小陈：“是吗？我没有注意到呀，难道有什么不妥吗？”

周彤：“当然不妥了，我参加过礼仪专家的讲座，按照商务礼仪，你应该先把我介绍给蒋会长，而不是把蒋会长介绍给我！蒋会长是懂这个礼仪的，所以当你把他介绍给我时，我看出他有些不自在呢。”

小陈：“周彤，别看我工作年头比你多点，在这方面还真得向你学学呢！”

周彤：“别这么说，我也是只学过一些理论，实际应用时也容易犯糊涂呢！我们以后多注意就好了！”

支招1

小陈在正式的商务会议场合上，虽然对蒋会长很尊重、很礼貌，但却忽略了介绍的商务礼仪。从年龄和地位上来看，周彤是工作不到一年的小辈，而蒋会长是年事已高的行业泰斗，显然要先把年龄和地位较低的一方介绍给高的一方，小陈应该这样介绍才符合礼仪：“蒋会长，这是我们公司市场部的周彤。”

支招2

在较为正式郑重的商务场合，介绍的通行规则是，依据年龄、关系、地位和环境的不同，应该将相对比较不重要的人介绍给重要的人。

比如，通常是把年轻的介绍给年长的；把职务低的介绍给职务高的。在商务场合作介绍时，最好是姓名与单位职务或职称并提，有时也可以提及对方较突出的学位、爱好和特长，等等。

正所谓：商务介绍岂可儿戏，场合次序皆有规矩。

你的发言打动了谁

Mark 和David都是集团HR招聘面试小组的面试官。

一次，他们面试一名叫郑昂的求职者，应聘的是高级客户经理。

Mark 和David假设出公司客户面临的疑难问题轮番提问。

郑昂有在商学院就读的经历，加之事先练习过，言简意赅地回答了面试官提出的棘手问题。

面试后，Mark对他非常认可。但是，David却不以为然，继续提问道：“你认为一家公司工作稳定，很多员工长时间在这里供职重要吗？”

郑昂："不一定，俗话说，人挪活树挪死嘛。为了机构的成长和发展，有时确实需要人员流动，可以补充新鲜血液。"

David对郑昂的回答很不满意，但是Mark听了却笑着点头。

面试完郑昂，两个主考官开始小结讨论。

Mark："他处理客户问题的能力很强。"

David："但他对工作稳定没兴趣，很可能频繁跳槽。"

Mark："对人员流动问题的回答，说明他敢于表达不同的意见，有主见。"

David："我还是倾向昨天那个说不喜欢换工作的。"

Mark："我认为，表达真实想法没什么不好。说希望工作稳定的不一定是真心想法，可能在说违心话。"

David："我看郑昂还是pass吧，免得他没多久就跳槽！"

Mark："我看，可以让他进入复试，交给部门经理做决定。"

David："那好，就先给他这次机会。"

支招1

在形象沟通礼仪中，语言沟通占55%，其中，沟通方式占38%，沟通内容占7%。郑昂发言回答问题时言简意赅，重点突出，方式是比较到位的。

支招2

两个面试官对郑昂的发言产生了分歧，一个认为他说真话，有主见；一个觉得他不稳定、跳槽勤。这表明，在很多时候，同一种回答，往往因面试官的看法和角度各不相同而导致褒贬不一。在面试时，很难断定哪一种答案最受青睐，那么，你的发言和结果也就难免无定式可言了。

谁会对你一见钟情

谢林中专毕业，就业情势不怎么好。

一次，谢林获得了一家民营企业的面试机会。他预先做了准备，可面试那天还是非常紧张。先是撞到了水杯，后来又碰洒了咖啡。

这时，公司董事长徐总正好进来，看了谢林的简历，就问：“谢林，你最理想的工作是什么？”

谢林：“徐总，我目前最想获得贵公司的工作机会，只要能进公司，我做什么都无所谓。”

徐总：“看来你自己还没有职业目标呐！”

谢林：“徐总，能不能让我不拿工资在贵公司工作两个月，然后再决定我的去留？”

徐总：“看得出你的诚意，好！希望你用这两个月找出你真正喜欢的工作岗位！”

两个月后，人事经理把谢林提交的工作总结交给了徐总，同时也把各部门对谢林的评价作了汇报。

徐总和人事经理找谢林面谈。

徐总：“谢林，你找到自己最喜欢的工作岗位了吗？”

谢林：“徐总，我最擅长做那些应急的杂事。”

徐总：“谢林，我们正准备成立一个后勤保障部，专门处理解决全公司在办公和营运过程中的杂事，为各部门的工作提供必要的保障。”

谢林：“那很适合我做啊！”

徐总：“对！我们准备任命你为这个部门的主管！”

支招1

应聘者与用人单位双向选择的过程就如同谈恋爱，有时也需要一见钟情。

据美国人力资源协会对近500名人力资源经理所做的调查发现：70%的公司更喜欢应聘者在其所涉及的领域，有过不领工资的实习经验；30%的招聘经理说，能否与应聘者产生“化学反应”，在其招聘决策中占有一半的作用。

谢林的求职经历表明，愿意付出的诚恳态度，往往可以弥补自身条件的不足或者面试时出现的失误，从而与用人机构擦出钟情的“火花”。

支招2

面试的结果往往是很难预料的，如果以谢林最初的面试表现来看，在一些机构很可能被淘汰，但幸运的是，谢林的诚恳态度碰巧与公司董事长的因材施用一拍即合，谢林获得了展现自己长处的机会。

作为应聘者，你的面试际遇往往是没有标准可循的，通常跟你所应聘的机构和面试官息息相关。因此，求职者还是应该以诚实为本，用你的诚恳态度与实际能力来打动用人单位。

正所谓：职场也需几分诚，因材施用谓“钟情”。

PART 8
你的前途由你做主

工作就是认真地玩

48岁的老侯是某大学的教授，兼任管理咨询公司副总经理、首席顾问。一次，某商务杂志记者采访了他的传奇经历。

老侯："我早年当过特种兵，练就了一身功夫和钢铁意志。转业后参加高考，获得了大学文凭，在一家干部管理学院做行政管理工作。"

记者："那么您后来又是怎么进入外企的呢？"

老侯："说来也是偶然。有一次晚上加班，回家路上碰到三个男的劫持一个外宾，就把外宾救了出来。后来，那位外宾邀请我到他的公司参观，在了解我的工作经历后，他希望我能到他的公司做综合业务部的负责人。就这样，我进了外企！这位美国上司对我的影响很大，后来我又攻读了两个硕士学位，先后到两家著名的外企做中国区销售经理，还到一家外企的美国总部工作了一年。"

记者："您的职场跨度太大了，难道您的每次转型就没有压力吗？"

老侯："每次职业的转换都是一种自我挑战！很多人过了40岁就容易惧怕变化，但我以此为乐，抱着一种玩儿的心态去看待压力，然后认真尝试每一个新事物！"

支招1

老侯勤奋学习、忽略年龄、勇于尝试，这些都是心态积极、自信心强的表现。在职场上，只要你充满自信，再加上执著地努力，机会就一定会青睐你。当你能够控制和主宰自己的职场方向盘的时候，你的前途由你做主，不再是一个梦想。

支招2

在每一次职场生涯转换的过程中都难免遇到瓶颈和难题，但是，如果以一种激情澎湃、以此为乐的心态去全身心投入，那么困难和挑战也将化作乐趣和进步。

正所谓：工作就是认真地玩儿！心态轻松，行动认真。

你的上司知多少

Linda和老同学Mary很久没聚了，见面时两人开玩笑打起赌来。Linda提议比一比谁交往的男朋友多，还炫耀自己交往过三个男朋友，而和初恋已结婚多年的Mary则打趣说：

“Linda，我就不跟你比男朋友了，咱俩比比谁的上司多吧，我已经见识了五个领导，你呢？”

“Mary，我男朋友交往过三个，工作可就没你见识多呀，一直没换过工作，就见识过一个老板耶。”

Mary更得意地笑着说：“我的第一个上司，不仅严格要求我，自己也埋头苦干；我的第二个上司，有点天马行空，但能启发我创意无限；我的第三个上司，是整合资源的高手，人脉特别广；我的第四个上司，既亲切又严厉，对我奖惩可分明啦；我的第五个上司，强势权威，信誓旦旦，要把市场做大做强。所以，我现在不想跳槽了，呵呵！”

“我就见识过一个老板。他是一个明星，很有名，说出来你肯定也是他的粉丝，我在他办的这个公司里已经工作四年多了！”Linda调皮地说。

“Linda，嗯，你别跟我卖关子了，你们老板到底是哪个明星啊？我特想知道，快告诉我呀？”

“Mary，咱们这可是打赌耶，这次你得算我赢了，我才告诉你我的明星老

板是谁！”Linda神秘地说。

“好！这次就算你赢了，快告诉我呀！”Mary好奇地想知道个究竟。

Linda靠近Mary的耳边悄悄说了那个明星老板的名字。Mary听了眼睛一亮，果真也是Mary青睐的明星哦！

支招1

Mary提到的五个不同的上司，实际上分别代表着五种领导者的形象类型，我用通俗的五种动物来形容则是：狮子型、蝴蝶型、军犬型、老牛型、孙悟空型。

不同类型的领导者也呈现出不同的领导风格：

狮子型的领导者有王者风范、勇于冒险、高瞻远瞩、雄心勃勃，是个强势、有决断力的领导者。

蝴蝶型的领导者则具备个性化的个人风格，人际社交能力极强，有超强的融通协调能力，甚至有明星风采，具有带动气氛的感召力。

军犬型领导者立场鲜明、明察秋毫、明辨是非，有着侦察犬般敏锐的正义感，铁面无私、奖惩分明。

老牛型领导者以身作则、实干踏实，重视承诺与纪律，在专业上追求精益求精，容易成为专业领域的专家。

孙悟空型领导者适应力及弹性都相当强，善于随机应变，创新能力强，是个手腕圆融的商业人才和谈判高手。

支招 2

很多领导者不只具备一种风格，他们会同时兼有两种甚至三种领导特质。看一个人的领导风格，还要综合他的个人心理、自信心、管理水平和竞争意识等多项指标的综合分析。

支招3

不论你是事业单位还是企业机构的领导者，都可以做做下面的领导者类型测试，你的领导者类型马上就揭晓！（单选、多选皆可）

1. 在工作会议上，你的发言风格是：

A. 我总是说话最多、声音最亮的那个人。

B. 像个会议主持人，开头后并与大家分享讨论。

C. 先让各部门负责人发言，自己最后说，简要强调具体工作的落实。

D. 直率评价每个部门负责人工作的优缺点，宣布奖惩结果。

E. 根据会议反映的工作状况调整任务，同时描绘新的市场方向。

2. 在对外宣传活动上，你的态度是：

A. 以你为核心来塑造强势公众的领导形象。

B. 在对外的活动上，总是由我代表企业出席并面对媒体。

C. 很少在媒体上露面，授权市场公关人员负责对外活动。

D. 不经常参加对外活动，但对市场公关部门严格把关。

E. 经常参加对外活动，同时对公众提出新思想。

3. 你与下属的相处模式通常是：

A. 我对下属实行目标管理，工作中威严，日常热情。

B. 我跟下属广泛接触，经常分享工作体会。

C. 我少言寡语，但下属遇到困难时，我会提供实际帮助。

D. 对优秀的下属非常爱护，对落后的下属严格管教。

E. 下属职责范围内的事情，给予他们完全的自由。

4. 你自己日常的工作方式是：

A. 主抓战略性的目标，日常小事不经常过问。

B. 很少在办公室，经常外出参加商务活动或接受媒体采访。

C. 几乎都在办公室，主抓任务的执行与落实。

D. 按照很有条理的工作时间表安排工作。

E. 工作日程经常变，公司战略也经常随市场调整。

5. 对于工作形象的自我要求是：

A. 或华丽或中性，权威强势的搭配。

B. 适应社交的时尚搭配。

C. 素雅端庄的搭配。

D. 利落干练的搭配。

E. 品味创意的搭配。

6. 你最欣赏的员工类型是：

A. 精明强干的员工。

B. 能说会道的员工。

C. 踏实耐劳的员工。

D. 诚实正直的员工。

E. 灵活创新的员工。

7. 你对加班的看法是：

A. 强调赞同有效率、有价值地加班。

B. 工作时间外的客户联络也算加班。

C. 为工作而加班是应该的。

D. 没有按要求完成工作就应该加班。

E. 如能高效完成工作，不一定要加班。

8. 员工对你的评价通常是：

A. 威严强势，有魄力。

B. 时尚、活跃、随和。

C. 实干、稳健、低调。

D. 公正无私、奖惩合理。

E. 灵活求变、新鲜挑战。

分析：（看看你哪个序号的选择居多）

选择A最多的：你是狮子型领导者。

选择B最多的：你是蝴蝶型领导者。

选择C最多的：你是老牛型领导者。

选择D最多的：你是军犬型领导者。

选择E最多的：你是孙悟空型领导者。

在职离职总是情

浩然在一家私企做项目主管。

在新年的办公会上，老板向大家介绍了公司在改革阶段的蓝海战略计划，与会的部门经理们纷纷点头。

只有生性直肠子的浩然站了起来，提出了反对意见。

老板的脸马上沉了下来。

项目还是启动了，而浩然还是这个项目的具体执行人。由于开局良好，老板对此更加信心百倍，于是就把浩然叫到了办公室。

老板：“浩然，这个项目看来是大有作为啊！我让财务做了一个可以加倍赢利的方案，公司今年想把你这块业务变成主营业务。”

浩然不以为然。老板的脸又立刻沉了下来，气愤地说：“你要好好反省一下，你的情绪老是这么消极，以后怎么带团队啊！”

浩然认为大家对这个项目太盲目乐观。

老板：“我就是要在公司树立积极乐观的心态！”

无论浩然怎么解释，老板也不会听，只有等以后这个项目最终有了结果，才能证明浩然的判断是有根据的。

无奈之下，浩然只好辞职。

一年后，市场果然滑了坡，验证了浩然的话。

不久，浩然接到了原公司人力资源部打来的电话，说老板邀请他回去继续选择新的工作岗位。

浩然婉言谢绝了，因为他已经在另外一家公司做了高管，但念及旧情，他搭桥促成了新旧两家公司的业务合作。

支招1

无论是做人还是做事，倘若能诚实守信，即使暂时不被理解，从长远的眼光来看，依然可以获得最终的认可。浩然的经历告诉我们：在职场上，不要计较一时一事，要用长远的眼光去看待人和事才会更加客观公正。

支招2

每个机构都有这样或者那样的问题，再精明的老板也难免有马失前蹄的时候。当上班族因遇到工作困扰而离职时，不要把原公司看得一无是处，要用长远的眼光来看待你所就职的每个机构。浩然就处理得很好，虽然离职高就了，却依然不忘原公司的旧情，而且还为新旧公司搭建了合作的桥梁。

正所谓：职场虽然如战场，人情长宜放眼量。

空降兵与元老兵

郑宇最有望晋升为总监，但是，公司却招聘了有海外背景的杨征做了市场总监。

郑宇为此心里不平衡，于是找老总问个究竟。

郑宇："张总，我兢兢业业干了八年，要业绩有业绩，要资历也算是元老级的，为什么公司不给我机会，却要任命一个空降兵来做我的顶头上司？"

张总："郑宇，公司需要加快国际化的进程，杨征具有多年的海外工作经验，在国际市场运作方面很有优势，我希望你能积极配合他的工作。"

郑宇无奈地走出了总经理室。

杨征上任后，郑宇虽然心怀怨气，但仍然耐着性子帮助他熟悉工作。

一次市场例会上，郑宇故意强调说："我在公司已经八年多了，咱们公司的市场状况我了如指掌了……"

但不可否认，杨征的培训内容让他受益匪浅。

后来，郑宇虚心地从杨征那里学到了不少先进的国际市场分析方法，不满情绪渐渐淡化，两人竟成了很好的工作搭档。

一天，张总把郑宇叫到了总经理室。

张总："郑宇，公司决定任命你为市场总监，马上会发文宣布！"

郑宇诧异地说："张总，这是？那杨征呢？"

张总笑着说："郑宇，公司先任命杨征做市场总监，是为了让杨征用先进的国际市场理念带动你们部门的发展，同时也让杨征尽快熟悉公司的业务。这样，你们这两个优秀人才就可以在公司平分秋色，互相促进了！"

郑宇恍然大悟，心中很兴奋。

支招1

郑宇和杨征的故事表明：在很多机构，经常会出现富有才华的空降兵和精英型的元老兵的冲突和矛盾，被重用的空降兵一般都有学历、背景或者能力上的优势，而在同一机构久经考验的元老兵，一般也是具有过人的经验和骄人的业绩，二者在职场上相遇后，难免会出现不兼容的状况，导致纷争和不满。

支招2

在职场上，空降兵和元老兵如果能够和睦相处，像郑宇和杨征那样取长补短、相互学习，比如：空降兵向元老兵学习多年在同一机构积累的宝贵经验，而元老兵向空降兵学习从外界带来的新理念新方法，那么双方的确可以在同一机构里达成双赢局面。

正所谓：空降兵横空直下，元老兵难以招架，两者若取长补短，双赢共创好前程。

短平快还是持久战

招聘现场，应聘者云集。经过两轮淘汰，理应剩下8个应聘者，可面试考场竟然出现第9个应聘者，名叫陈琦。

陈琦："不好意思，我觉得贵公司的第一轮面试蜻蜓点水，不能展现出我的优势，我虽被淘汰了，但我想能破例参加一下今天的面试。如果贵公司不给我一个机会，那可是贵公司的损失啊！"

招聘经理严肃地说："你没有通过第一关，这说明你还不符合我们公司的基本要求。"

在场的人低头窃笑，觉得此人太狂傲。

这时，陈琦把自己的简历再次递到了副总裁的眼前。

副总裁看了两眼，摇摇头，坚决地说：“我们公司这次招聘的岗位要求一签约就是5年，中途毁约者要交违约金的。你工作了8年，跳槽11次……”

陈琦强调：“我其实并没有刻意要跳槽，是因为那11家里有7家公司先后都倒闭了。不过，这些经历倒是我的财富！我亲身体验了很多公司的骤然兴衰。我从那7家倒闭的公司的运作里学到了许多东西。很多人只是追求成功的经验，而我，更有优势和经验避免错误与失败！我希望在贵公司能工作超过5年以上！”

副总裁：“好！我们决定录用你！但你需要通过三个月的试用期！好好干！”

陈琦：“非常感谢您给我这次机会，这次我要打持久战！”

支招1

陈琦的职场经历比较特殊，更多的是经历了公司“倒闭门”的被跳槽。通常，一些机构会以应聘者以往的供职周期来推测其在职场的稳定性，但是，每个求职者的动机和目的不尽相同，有的人喜欢打持久战，希望长期能在一个机构有所发展；有的人是走一步看一步，中途有好机会再跳槽；另一些人则喜欢短平快，不如意就立即跳槽。

支招 2

作为上班男女，无论你频繁跳槽，还是在一个机构稳扎稳打，都是因人而异，各有利弊。有些人通过跳槽提升自己职场地位；有些人则通过在一个机构的全方位工作体验来获得发展。但是，无论如何，过于频繁的跳槽对于个人的职业生涯和机构的持续发展，都是不值得提倡的。

正所谓：短平快亦有奇效，持久战更具神威。

像上司一样有范儿

放假了，谢香拉着老公陪她到发廊打理头发。

发型师建议谢香把头发染了、烫了，再剪短修型。

谢香对发型师的建议有点不置可否，没有什么特别的主见。

谢香：“我也不知道做成什么样好，你看着来吧，别太夸张啊！”

于是，发型师给谢香做了个蒸汽烫，并染成了深棕色，把她那没型的长发修剪成了两边不对称的俏丽短发。

谢香对着镜子看着自己的新发型说：“啊！像我们这样的事业单位，我要是这样上班去，领导还不把我给辞退了呀？”

老公坐在一旁说："怎么会呢，我看挺精神的，你总是杞人忧天。"

发型师："你不觉得这样很有气质吗？"

谢香："气质倒是有点了，这幸亏是放假，要是就这样上班去，我们领导一定说我是故意跟她学呢！"

发型师："怎么，你们领导也是这种发型？"

谢香："我们单位中层以上领导都是一水的短发，我也剪成短发，这不是模仿领导吗？"

老公："剪就剪了呗，那你的意思是，你剪了短发也就进入中层领导行列啦？"

谢香："那倒也不是，就是怕自己一剪头发太像领导，还真有点不自在呢。"

支招1

在事业单位工作的谢香，有一种生怕自己的发型酷似单位领导的不安心理。事业机构通常讲究中规中矩，对职业形象的要求相对保守平实些。

在职场上，通常认为，如果你的上司也是一名女性，你就要在形象上稍微比她逊色一点。就像撒切尔夫人那样，虽然气质也颇佳，却十分注意把握形象分寸，当英国女王穿着张扬夺目的红色套裙时，撒切尔夫人则穿着沉静的、有后退

感的深蓝色套裙，总让自己在重要场合比英国女王略显内敛一些。

支招 2

在职场上，就是要为成功而扮靓！谢香对于自己新发型的担心是完全没有必要的，要想有一个良好的精神面貌，一定要从“头”做起，整体形象不要超越领导的说法，并不意味着你在发型上必须逊色于你的上司，只要你的发型不违反行业和岗位的要求，你就可以选择适合的得体发型，让自己看上去像上司一样的有范儿，只是在服饰的色彩和款式搭配上，注意不要过于张扬即可。

职业着装最大的诀窍是，不要只为你现在的职位打扮，要为你想要做的职务打扮。

姜还是老板辣

最近，同事向老板董总反映，说老赵做采购工作总吃回扣。一天，董总把老赵叫到办公室。

董总：“老赵，我听有些同事说你做采购有吃回扣的行为，你要注意了啊！”

老赵连忙红着脸说：“董总，请您相信，我真没有做过这样的事儿！”

董总："好，我看你的实际行动！"

董总交给老赵一个新的工作任务，让他负责把公司办公楼里闲置的一间办公室装修一下。

老赵琢磨这间办公室一定是给今年增加的新部门使用，于是就选购了能开发票却质次价低的装修材料，从中赚取了一笔回扣。

办公室装修完以后，董总决定让新增的那个部门到老赵现在的办公室办公，而采购部搬到新装修的这间办公室。

老赵一听，惊讶得目瞪口呆，他不得不在这间有严重甲醛气味的办公室里工作。

后来，老赵的一个下属向公司反映，这间办公室有装修问题。

董总立即让财务人员对账调查，找出了老赵吃回扣的线索材料。

老赵被免职处分了。

支招 1

老赵的老板董总没有盲目指责老赵吃回扣的行为，而是用实际的工作让老赵原形毕露，从中得到教训和反省。这说明董总具备很强的处理问题和解决问题的技巧，是一个阅历丰富，深谙识人术和驭人术的领导者。

支招2

上班男女在工作中，一定要对自己的行为负责，不要认为自己有了点权力后就可以为所欲为。"若要人不知，除非己莫为"，如果你像老赵那样，营私舞弊，工作私心重，不肯精益求精，那么就很难逃出老板和同事敏锐的监督。

正所谓：职场最忌用私心，自投罗网难自禁。

新鲜人新面貌

孟丽丽大学毕业后，在一家公司找到了一份行政秘书工作。

一天早上，孟丽丽上班正要迈进办公室的门，偶然间听到了两个科室同事的对话，让她止住了脚步。

同事A："嘿，办公室就咱俩吧，聊会儿天吧。你觉得咱们科室新来的这个孟丽丽怎么样啊？"

同事B："怎么说呢，我觉得这个小姑娘长得倒是挺可爱的，总穿大圆领的衣服、有大蝴蝶结的裙子和鞋子，够青春。"

同事A："我一开始也觉得这女孩儿挺讨人喜欢的，可是后来别的科室有人烦她，说她工作时说话语气总是娇声嗲气的，大家上班都这么忙，谁有工夫还哄个小女孩儿呀！不职业！”

这时孟丽丽踏进了办公室的门，两个同事也不说话了，孟丽丽朝她们寒暄了几句。

支招1

职场上，大家都很看重效率和效益，作为刚工作的女OL，适度展示自己青春乖巧的一面是好的，但如果过分突出自己甜美可人娇嗔的形象，久而久之，就会让同事感到你非常不职业。不成熟、没有主张、爱撒娇的女孩子，难免会被更有职业风范的人选所取代。

支招2

当蝴蝶结、蕾丝等小范围小面积地运用在职业OL的装束上时，会出现不少令人惊喜的乖巧变化。乖巧可人的装扮通常局部有少量俏皮的曲线，如有弧线的领和袖，腰身适当的圆摆等。上班时，在连身裙外面搭配小西装，可以让你的商务人气指数攀升，也让你的乖巧职业感达到了前所未有的高度。避免大面积地运用稚嫩少女感的色彩和造型。

支招3

如果你是个刚刚步入职业之门的fresh woman，乖巧的行为是需要的，主要表现在谦虚谨慎、机敏灵活、善于观察工作环境的要求和变化，及时适应和满足上司、同事和客户的需求等。但是一定不可仗着自己年龄小、工作经验少就滥用乖巧，这样反而容易给人以女孩气、不职业的坏印象。

正所谓：初入职场需谨慎，着装举止莫娇嗔。

向里走，向外走

秦丽和高天同一年离开公司。三年后，老同事难得一聚，聊起了各自的职场经历。

高天："三年前，我觉得在咱们公司不能再提升自我，而现在这家公司培训机会很多，很有挑战性，我已经晋升为副总经理！"

秦丽："我就曲折了，我跳槽的这家公司还不如以前的公司呢，搞得我整天愁眉苦脸。老实说，当时都怪我一时气盛，跟上司赌气辞职的。"

高天："后来，你怎么想到又回原来公司的呢？"

秦丽："我跳槽半年后又辞职了，脱产读了一个硕士学位。在一个管理论坛上，碰到了原来公司的周总，他说公司现在发展很快，需要大量的人才，像我这样的老员工上手快，希望我能再回去。”

高天：“于是你就‘二进宫’啦？”

秦丽：“对！现在公司也发展了，我职务也提升了，做市场总监！”

高天：“看来咱俩现在都找到适合自己的位置啦！”

支招1

每个人的职场轨迹都不同，有的人选择在一个公司长期供职，晋级升职；有的人则选择用阶段性跳槽来提升自己的职场地位。任何职场轨迹，都没有好坏之分，只有适合还是不适合的问题。

支招2

对于职场人而言，每个人都需要理性的规划，并且在工作实践中无论是得意还是失意，都要敢于面对，因为工作中的任何经历都是职业生涯中的一笔宝贵的财富，都同样有助于自身的成长，有利于找到自我的职场坐标。

正所谓：猛跳槽能提升地位，“二进宫”可重获生机。

当一天和尚撞一天钟

罗茜最近心情不好，和“蓝颜知己”肖扬叨念起来。

罗茜：“肖扬，我已经递交辞职报告了，就干到这个月底，这几个星期对我来说可真是度日如年啊！”

肖扬：“理解你！在离开公司之前的特殊阶段难免心里不平静。”

罗茜：“我现在心浮气躁的，哪有心思工作呀，就准备混到月底赶紧拿工资走人呢。”

肖扬：“罗茜，你这方面可就不如我了。我去年离职时，那可真是善始善终。离职后，老板对我还是特别认可！”

罗茜：“还是你的境界高啊！反正我也辞职了，这几天上班就当一天和尚撞一天钟了。熬过了这个月，我就到新公司上班去了！”

肖扬：“罗茜，我觉得应该为自己积累德行和树立口碑，就这几周的时间了，建议你还是把心放平，把该做的事儿做好！”

支招 1

有不少上班男女，容易滋生像罗茜这种消极敷衍的心态。同样是对待工作，哪怕是离职前的工作，肖扬则表现出积极负责的态度，赢得了好口碑。你认真工作不仅是为单位，更是为自己在职场上建立良好的信誉。

支招2

职场上也有一些连钟也不想撞的“和尚”，只想吃着寺庙里的供奉。对比起来，“当一天和尚撞一天钟”也不完全是贬义，从另一个角度来看，和尚撞钟是干自己分内的事，代表本职工作。职场中，同样是“撞钟”，有些人能混就尽量混，钟声空泛、疲软，没有实际的效果；有的钟声不仅洪亮，而且抑扬顿挫。职场男女，工作态度决定高度、广度与深度。

正所谓：同样是撞钟，有的人是瞎撞，有的是认真撞。

一半是冰，一半是火

Judy 是一家俱乐部服饰专卖店经理，月底前办理了离职手续。

三个多星期后，她突然听说店里丢失了一些服饰，还准备让自己交罚金。

Judy心里特别委屈，就和好友Susan说起此事。

Judy：“Susan，我在职的时候，公司还处于热火朝天的调整和改革阶段；我离职后的一段时间，据说新一任的经理还没有及时上岗，想必是有段无人管理的空当期，难道是有人想趁乱滋事，嫁祸离职的人？”

Susan：“Judy，不排除你说的这种可能。”

Susan接着又说：“不过，事在人为。你知道，我们香港的专卖店里安装了红外报警系统和先进的防盗设施，每天每个店员必须同进同出，一旦有不明的缺失，那可是要对店员重罚的。”

Judy：“Susan，货品损失了查不出来要罚相关的人我倒理解，可是这样捕风捉影地被怀疑也真是无奈，看来在职场上有时也难免如履薄冰啊！”

支招1

Judy的故事表明：大凡职场上发生的不愉快事件，都预示着我们的工作还有很多需要提升的空间，需要从中吸取教训，引以为戒。碰上居心叵测者趁乱钻空子，的确是件棘手的事，尤其在事情的真相没能查清的情况下，更令人无所适从，但是，如果Judy和她所在的公司能够严格实行军事化般的零售店管理，配备相应的防盗设施，那么则会让居心不良者减少可乘之机，也就有可能在工作中适当避免这类事件的发生。

支招2

复杂多变的职场可以给你热火朝天的变革，也可以让你一不留神就遭遇如履薄冰的险境。但是，只要你在工作中做人做事正直无私，具有良好的职业操守，处世为人问心无愧，那么依然能够坦荡面对职场上说不清的冤枉事儿。

正所谓：任职场风云突变险象环生，正直无私者自岿然不动。

附录：王云锦句

- 工作就是认真地玩儿！心态轻松，行动认真！
- 此地不养你，自有养你处！实力加经验，乃是常青树！
- 老板关注的是整片森林，员工更关心自己这片叶子。
- 在重效益和利益的职场，你不要指望别人百分之百替你着想，但对于别人的善待和帮助则要感恩，其余的就要靠你自强不息了。
- 职场中的任何关系都会因每个人的位置、角度和利益的不同而发生变化。

- 职场如情场，就像谈恋爱，你和用人单位有时也需要一见钟情。
- 你的价值不仅要“有的放矢”，还要“有地方使”。 企业重效益，通常更看重你的使用价值，所以要争取让你的价值最大化地被使用。
- 在职场上，同甘共苦的上班男女更容易成为“红颜知己”或者“蓝颜知己”。
- 玻璃茶壶型职场人需要经常充电增加自身的内涵，以便更好地达到内外兼修；而陶瓷茶壶型职场人则要在美化形象上下点工夫，同时提高自身的表达能力，走向人群，展现出你的才华横溢！
- 在职场上，可谓塞翁失马，焉知非福。得意不一定是职场的动力，失意也不一定是职场的羁绊。
- 职业女性通常把最精致的形象留给了同事和客户，而把自己懒散的、丑的一面都留给了家人。
- 上班男女，很难做到时刻光彩照人，但是，当把扮靓的行为习惯化时，则会在任何场合都能展现出一道独特的魅力风景线。
- 良好的工作形象，有助于加快你的职业化进程，让你在职场中获得重视和提升。

- 在职场中，每个人的闪光点是不同的，别人有的，虽然自己未必有，但自己有的，别人也未必有。
- 职场中，谁都不是圣人，只有依存共赢，才能实现自我的价值！
- 在你离职时，不要把原单位看得一无是处，要用发展的眼光来看待你所就职的每个机构。
- 上班男女，本不是同根生，相争也别太急！
- 上班男女身在职场，没有规矩不成方圆！上班男女挑战职场，没有历练怎显神威！上班男女玩转职场，没有快乐怎能减压？上班男女超越职场，阳光心态赢在未来！